GRUNDREGELN FÜR JEDEN ZAUBERLEHRLING

DU WIRST EIN GUTER ZAUBERLEHRLING, WENN DU DIE FOLGENDEN 10 REGELN DER ZAUBERKUNST BEFOLGST:

1. BEVOR DU EINEN TRICK VORFÜHRST MUSST DU IHN GRÜNDLICH EINÜBEN – AM BESTEN VOR EINEM GROSSEN SPIEGEL.
2. FÜHRE NUR SOLCHE ZAUBERKUNSTSTÜCKE VOR, DIE DU AUCH WIRKLICH BEHERRSCHST.
3. SAGE NIE VORHER, WAS DU VORFÜHREN WILLST. DIE ZUSCHAUER LASSEN SICH LEICHTER TÄUSCHEN, WENN SIE NICHT WISSEN, WAS KOMMT. ZUGLEICH IST DIE ÜBERRASCHUNG GRÖSSER.
4. VOR DEM GLEICHEN PUBLIKUM DARFST DU EINEN TRICK NIE ZWEIMAL ZEIGEN. DENN SO ETWAS FÜHRT LEICHT ZUR ENTDECKUNG DES GEHEIMNISSES, UND ALLES IST SCHNELLER ZU DURCHSCHAUEN.
5. WICHTIG IST, DASS DU BEI DER VORFÜHRUNG RUHE BEWAHRST. GEHT WIRKLICH EINMAL ETWAS SCHIEF, LASS DICH NICHT AUS DER FASSUNG BRINGEN.
6. WENN DU KEINE BÜHNE FÜR DEINEN AUFTRITT HAST, SORGE DAFÜR, DASS DU VON DEN ZUSCHAUERN EINEN MINDESTABSTAND VON 3 METERN ZUR VERFÜGUNG HAST.
7. ACHTE DARAUF, DASS DU BEI DER VORFÜHRUNG DIE ZUSCHAUER IMMER VOR DIR HAST. KEIN ZUSCHAUER DARF SEITLICH ODER HINTER DIR PLATZ NEHMEN.
8. VOR UND NACH DER VORSTELLUNG DÜRFEN DIE ZAUBERGERÄTE NICHT VON DEN ZUSCHAUERN GESEHEN WERDEN. ES GIBT IMMER WIEDER NEUGIERIGE, DIE SICH DIESE DINGE ZU GERN ANSCHAUEN WÜRDEN.
9. BEIM VORFÜHREN WERDEN DIR NICHT IMMER DIE RICHTIGEN WORTE EINFALLEN. DESHALB ÜBERLEGE DIR VORHER, WAS DU SAGEN WILLST. AM BESTEN, DU SCHREIBST ES DIR AUF. DU KANNST ABER AUCH MIT PASSENDER MUSIKBEGLEITUNG ZAUBERN.
10. UND DAS IST DIE WICHTIGSTE REGEL DER ZAUBEREI:
    NIEMALS EINEN TRICK VERRATEN!!!

MEIN GANZ GEHEIMES ZAUBERBUCH

Die Zaubertricks wurden gezeichnet von
Alena Schulz

Herausgeber dieses schönen Bandes ist
P. Gert Smetanig

Lieber Zauberlehrling!

Dieses Buch entführt dich in die geheimnisvolle und magische Welt der Zauberei. Es bietet dir nicht nur eine Sammlung von Zauberkunststücken aus allen Bereichen der Zauberei – ich bin mir sicher, dass dieses Buch bei dir auch die Begeisterung weckt, die dich zu einem guten Zauberer werden lässt.
Wenn du dann deine Kunststücke vor deinen Freunden, deiner Familie oder einem größeren Publikum erfolgreich vorführst, wirst du das schöne Gefühl erleben, dass du Menschen durch die Zauberei eine Freude gemacht hast.

Viele der benötigten Gegenstände kannst du dir leicht selbst anfertigen. Verliere nicht gleich die Geduld, wenn beim Üben mal etwas danebengegangen ist – denn: Es ist noch kein Meister vom Himmel gefallen, aber du kannst einer werden!

Ich wünsche dir, dass du mit diesem Buch viel Freude hast und dass dich die Zauberei – wie es bei mir der Fall ist – ein ganzes Leben lang begleitet!

Lektorat: Mag. Rebekka Sobottka
Illustration: Alena Schulz
Fotoillustration Vor- und Nachsatz: Alice Schnür, Meisterphotographie
Fotoillustrationen: foto@donbosco.at
Foto für Vor- und Nachsatz: Aufnahmeort – Theater „DIE NEUE TRIBÜNE", www.tribuenewien.at

ISBN 978-3-7004-4329-2
EAN 9783700443292

Das vorliegende Zauberbuch stammt aus der Sachbuchwerkstatt der Verlagsbuchhandlung Julius Breitschopf GmbH & Co KG und wurde nach den Regeln der neuen Rechtschreibung gesetzt.

www.breitschopf-verlag.com

INHALT

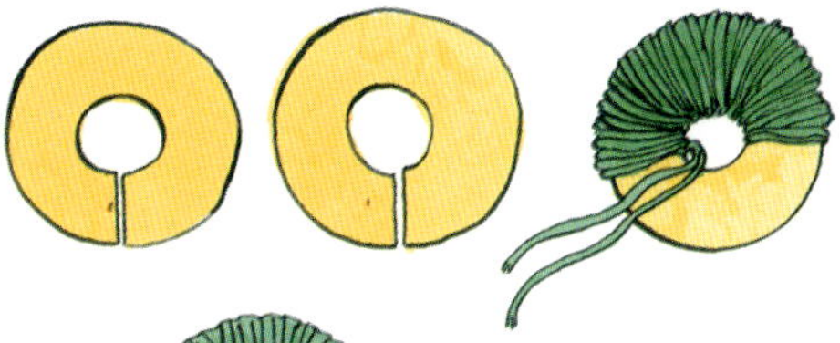

Wie bastle ich Pompons?

So kannst du ganz leicht verschiedenfarbige Pompons basteln:
Schneide 2 gleichgroße runde Schablonen aus festem Karton aus und lege sie aufeinander.
Dann nimmst du einen langen Wollfaden (ca. 5m) und wickelst diesen Faden um die Schablonen. Der Faden sollte rundherum gleichmäßig gewickelt werden.
Nun wird eine Schere zwischen die beiden Pappkreise geschoben und die Wolle am äußersten Rand rundherum aufgeschnitten.
Anschließend bindest du einen reißfesten Faden zwischen die beiden Scheiben und verknotest ihn so fest, wie es geht!
Die Pappscheiben werden nun entfernt und der Pompon mit der Schere kugelförmig zurechtgestutzt. Fertig!

DAS MAGISCHE ALPHABET

Kennst du schon das magische Alphabet? Auf den ersten Blick erscheint es sehr geheimnisvoll, aber schau dir doch die Zeichen einmal näher an! Jeder Buchstabe und jede Ziffer ist nur ein klein wenig verändert worden: bei manchen wurde etwas hinzugefügt, bei anderen etwas weggelassen, bei einigen wurde aus rund eckig oder auch umgekehrt.

Mit diesen Buchstaben und Ziffern kannst du deine Requisiten beschriften, und besonders gut eignen sie sich natürlich für geheime Botschaften aller Art!

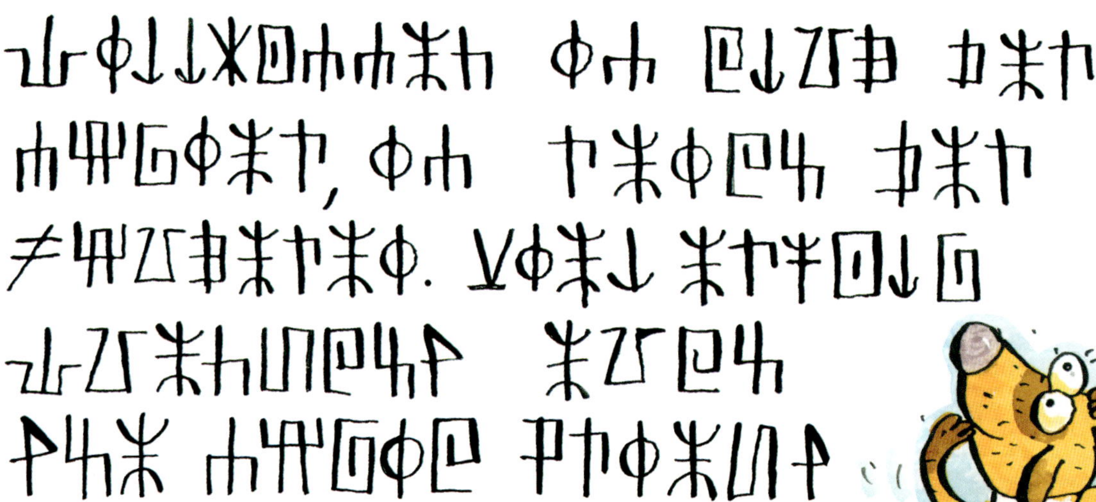

Der Zauberer zeigt beide Hände leer vor, ergreift aus seiner rechten Tasche oder vom Tisch ein Seidentuch und zieht es ein- bis zweimal durch die linke Hand. Dann steckt er das Tuch langsam in die linke Faust, greift zum Zauberstab und macht einige »magische« Bewegungen. Er öffnet die linke Hand: es erscheint ein Ball, das Tuch ist weg.

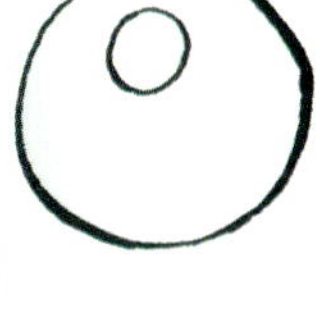

1

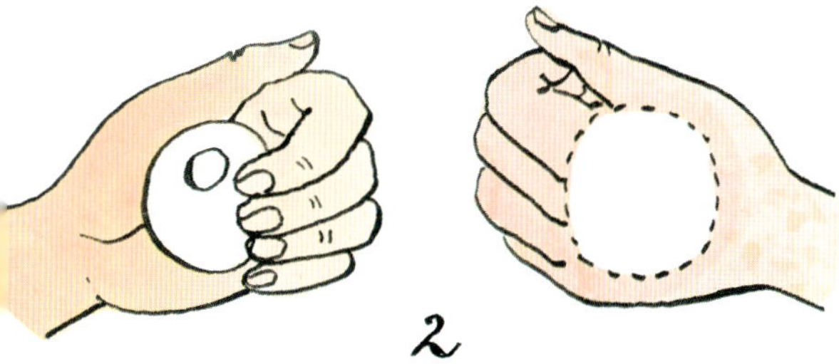

2

Was wird benötigt:
Ein rotes Seidentuch 15 x 15 cm, ein weißer Tischtennisball.

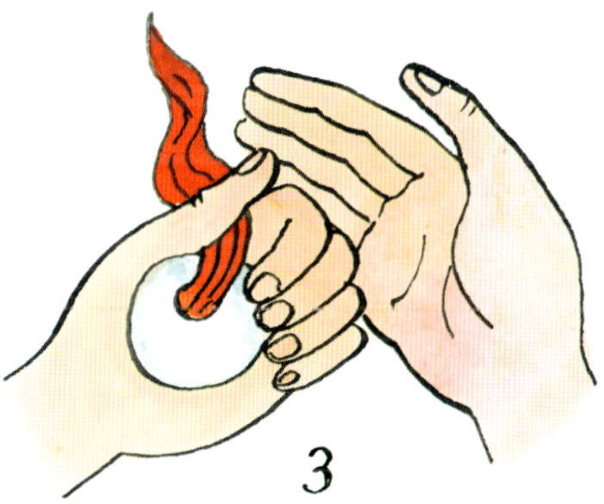

3

Vorbereitung:
Du verwendest einen Tischtennisball, in den eine Öffnung so eingeschnitten ist (Abb. 1), dass das Tuch hineinpasst. Die Schnittkanten mit Schleifpapier glätten. Ersuche einen Erwachsenen dir zu helfen.

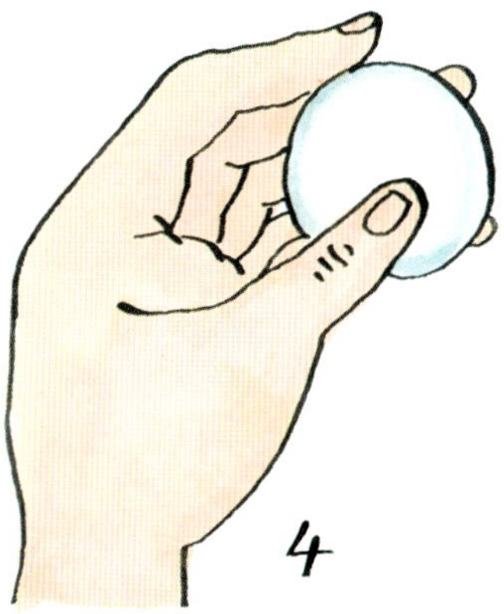

4

Vorführung:
Beim Aufnehmen des Tuches aus der Tasche oder vom Tisch - der Ball liegt verborgen dabei - versteckst du den Ball in der linken Hand (Abb. 2). Dann wird das Tuch langsam durch das Loch (Abb. 3) gesteckt, der Tuchzipfel wird nochmals gezeigt. Du nimmst den Zauberstab, sagst einen Zauberspruch - das Tuch ist inzwischen restlos im Ball verschwunden - dann erscheint der Ball. Das Loch wird dabei vom Daumen verdeckt (Abb. 4).

DER ZAUBERHUT

Wie man aus einem leeren Hut die unglaublichsten Dinge hervorzaubern kann!

Du nimmst je einen Hut in die rechte und linke Hand und zeigst den Zuschauern, dass sie leer sind. Dann bedeckst du den einen Hut mit einem Tuch und legst den zweiten darauf. Nachdem du gezeigt hast, dass auch deine Hände leer sind, nimmst du einen Hut auf und zauberst aus diesem Tücher, Bänder und verschiedene kleine Gegenstände.

Vorbereitung:
2 Hüte
1 Tuch
1 Stoffbeutel
1 Haken

In den Stoffbeutel gibst du die Gegenstände, die du später hervorzauberst. Den Haken befestigst du am Rand des Zaubertisches und hängst den Beutel daran. Mit einem Saughaken kannst du diesen Trick an jedem Tisch mit gerader Seitenkante vorführen. Lege einen Hut mit Öffnung nach unten auf den Tisch (in der Höhe des Hakens) und bedecke ihn mit dem Tuch.

Vorführung:

Ergreife den zweiten Hut, zeige, dass er leer ist, und hänge den Daumen in die Schlinge des Beutels ein. Unter Deckung des Hutes lässt du den Beutel in diesen hineinfallen und stellst ihn ebenfalls mit der Öffnung nach unten auf den Tisch. Die Schlinge des Beutels muss unter der Hutkrempe hervorschauen, so dass du den Beutel mit dem Hut leicht wieder aufnehmen kannst. Jetzt nimmst du das Tuch vom ersten Hut weg und legst es über den Hut mit dem Beutel. Du zeigst nochmals, dass der erste Hut leer ist, stellst ihn auf den zweiten, hältst ihn mit der einen Hand fest und ziehst das Tuch mit der anderen Hand heraus. Zeige erneut, dass der obere Hut leer ist, stelle ihn auf den Tisch und lege das Tuch darüber. Fahre mit dem Daumen durch die Schlinge des Beutels und nimm den gefüllten Hut auf. Jetzt kannst du deine Schätze hervorzaubern.

Die magischen Pompons

Dieser Trick ist ein so genannter Manipulationstrick, d.h. ein Taschenspielertrick, der auf der Bühne vorgeführt wird. Der Zauberkünstler fängt aus der Luft kleine Pompons, steckt sie in einen Sack, und es erscheint ein Riesen-Pompon.

Vorbereitung:

Du benötigst nur zwei Pompons, einen kleineren von ca. 3 cm Durchmesser (man kann ihn auch größer machen, wenn man große Hände hat) und einen großen von ca. 10 cm Durchmesser (die Kartonformen dafür müssen also ca. 12 cm breit sein). Du machst aus einem durchsichtigen oder gelblichen Nylonfaden (Nähfaden oder Angelschnur) eine kleine Schlinge und befestigst sie an dem kleinen Pompon. Weiters brauchst du zwei braune Papiersäcke, die ca. 15 cm breit und 20 cm hoch sein müssen. Du legst den großen Pompon in einen Sack, schneidest dann vom

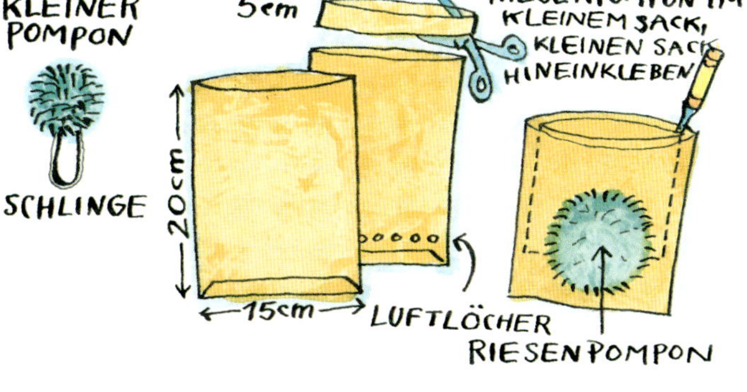

oberen Rand des anderen Sacks ca. 5 cm ab und machst in den Boden einige Luftlöcher. Dann klebst du ihn sorgfältig in den größeren Sack hinein, klopfst den großen Pompon etwas flach, damit der Sack nicht zu dick aussieht, und legst den kleinen Pompon in den oberen Sack.

Vorführung:

Du stehst links vom Tisch, nimmst den Sack, holst den kleinen Pompon heraus und legst ihn auf den Tisch. Dann zeigst du dem Publikum, dass der Sack leer ist. Du nimmst ihn in die linke Hand, drehst dich so, dass du zum Tisch schaust und hebst den kleinen Pompon mit der rechten Hand auf, wobei du den Zeigefinger durch die Schlinge schiebst (siehe Abb.), der Daumen drückt den Pompon gegen die anderen Finger. Das mag schwierig erscheinen, wenn du aber den Pompon mit der Schlinge nach hinten auf den Tisch legst und die Bewegung einige Male übst, geht es ganz leicht. Anschließend legst du den Pompon in den Sack – sobald die Hand im Sack ist, schleudert der Daumen den Pompon auf den Handrücken. Du ziehst die Hand heraus – Handfläche zum Publikum, Finger gut geschlossen, sodass das Publikum nichts sehen kann. Du schaust noch immer zum Tisch, greifst mit der rechten Hand in die Luft, wobei du sie ruckartig bewegst, sodass der Pompon zum Vorschein kommt. Du fängst ihn mit dem Daumen und legst ihn scheinbar in den Sack. Diese Bewegungen wiederholst du, bis du ungefähr 10 bis 12 Pompons »gefangen« hast; beim letzten Mal lässt du den kleinen Pompon wirklich in den Sack fallen. Anschließend bläst du den Sack auf und lässt ihn platzen. Dann holst du den Riesen-Pompon heraus, zerknüllst den Sack und wirfst ihn in den Papierkorb. Der innere Sack platzt nicht, der kleine Pompon bleibt unsichtbar.

Mit diesem Kunststück kannst du eine kleine Gesellschaft wunderbar unterhalten!

Du gibst einem Zuseher ungefähr 20 Zündhölzer und nimmst dir etwa die gleiche Anzahl. Dann erklärst du, dass du die Regel eines Spieles vorstellen möchtest, bei der sowohl dein Gegenspieler als auch du 1 bis 6 Zündhölzer auf den Tisch legen können. Jener Spieler, der die Anzahl der Zündhölzer als letzter auf 25 ergänzen kann, hat gewonnen. Selbstverständlich legt einmal der Vorführende, einmal der Zuschauer dazu, aber immer höchstens 6 Zündhölzer. Gleichgültig, wer beginnt – du gewinnst immer.

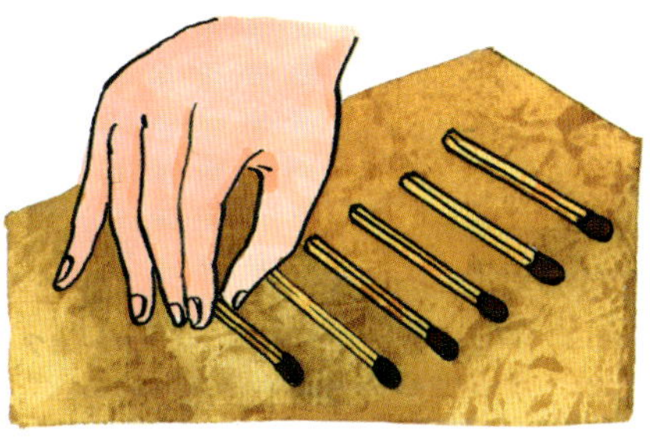

Das Geheimnis liegt darin, dass die Anzahl der Zündhölzer jeweils auf 4 – 7 – 11 – 18 ergänzt werden muss.

DAS KONFETTIBILD

Dieses Kunststück ist sehr wirkungsvoll, und das Publikum wird mit Applaus nicht sparen! Du zeigst ein schwarzes Tuch von beiden Seiten vor, stopfst es in eine Schachtel, streust Konfetti darüber, holst das Tuch wieder heraus – und siehe da, die Konfetti sind zu einem schönen Bild geworden!

Vorbereitung:
Du benötigst zwei schwarze Tücher; auf eines davon klebst du Konfetti in Form eines schönen Bildes (siehe Abb.). Dann nimmst du eine ganz normale Schachtel, überziehst sie mit schönem Papier, um sie interessanter aussehen zu lassen. Du faltest das Tuch mit dem Bild nach innen zusammen, legst es auf den Tisch und stülpst die Schachtel mit der Öffnung nach unten darüber. Das andere Tuch legst du vor die Schachtel. Konfetti bereithalten.

Vorführung:
Du nimmst das schwarze Tuch, schüttelst es aus, zeigst Vorderseite und Rückseite und faltest es wieder lose zusammen. Dann legst du es vor die Schachtel – gleichzeitig hebst du mit der anderen Hand die Schachtel auf. Für die Zuschauer verdeckt das schwarze Tuch das Tuch mit dem Bild. Du zeigst, dass die Schachtel leer ist, indem du mit dem Zauberstab hineinfährst, und stellst sie wieder auf den Tisch, diesmal mit der Öffnung nach oben. Danach hebst du beide Tücher zusammen auf (für die Zuschauer sehen sie wie eines aus) und stopfst sie in die Schachtel, wobei das Tuch mit dem Bild zuoberst liegen muss. Anschließend streust du Konfetti in die Schachtel, ziehst das Tuch mit dem Bild hervor und schüttelst die losen Konfetti ab. Du zeigst das plötzlich erschienene Konfettibild – das schwarze Tuch bleibt unsichtbar in der Schachtel zurück.

DAS DEKOR AUF DER SCHACHTEL MUSS EINFACH SEIN UND VON UNTEN UND VON OBEN GLEICH AUSSEHEN!

ZAUBEREI MIT DEN HÄNDEN

Die Blicke des Publikums sind meist auf die Hände des Zauberkünstlers gerichtet. Aus diesem Grund ist es wichtig, immer mit sauberen Händen und gut gereinigten, kurz geschnittenen Fingernägeln vor dem Publikum zu erscheinen. Natürlich ist auch Übung wichtig! Versuch doch einmal, einen kleinen Gummiball, den du zwischen Daumen und Zeigefinger hältst, weiterwandern zu lassen, zuerst zwischen Zeige- und Mittelfinger, dann zwischen Mittel- und Ringfinger, und zuletzt zwischen Ringfinger und kleinem Finger. Nun geht die Reise zurück. Dann das Ganze mit der anderen Hand! Am Anfang hilft dir dein Daumen dabei.

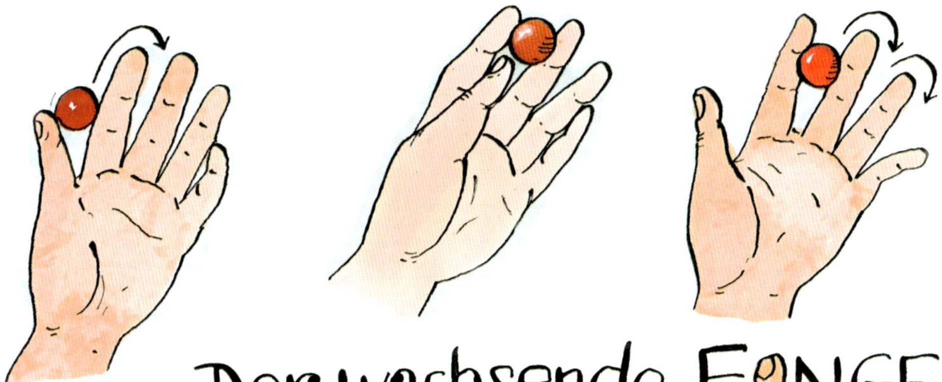

Der wachsende FINGER

Du streckst Zeige und Mittelfinger der linken Hand aus und ziehst mit der rechten Hand die Fingerspitzen etwas nach rechts (Abb. 1). Die zwei Finger wirken jetzt gleich lang. Du hältst sie in dieser Stellung und zeigst sie dem Publikum. Nun nimm den Mittelfinger mit der rechten Hand und zieh fest, wie um ihn zu dehnen. Dann strecke die zwei Finger wieder aus, diesmal leicht nach links gerichtet. Der Mittelfinger ist jetzt viel länger als der Zeigefinger (Abb. 2)!

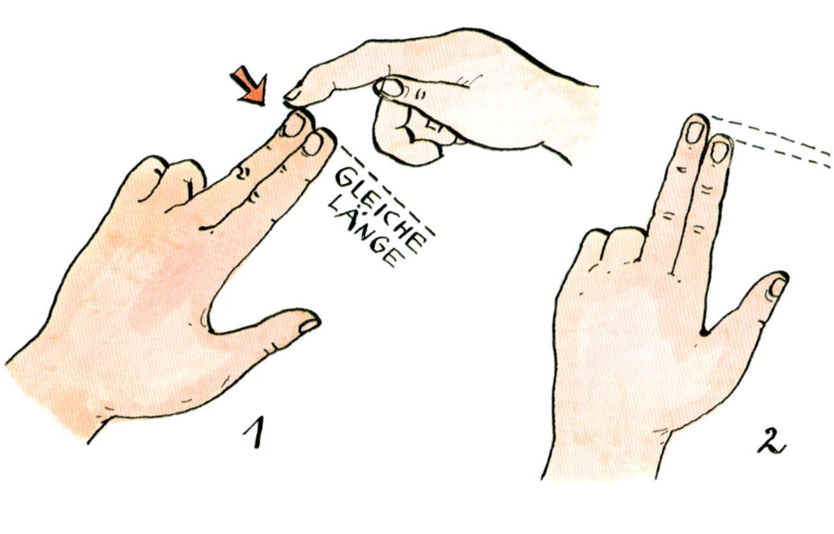

Der Daumenspaß

Du hältst die linke Hand mit der Handfläche zu dir gerichtet, die Fingerspitzen zeigen nach rechts. Der linke Daumen wird gebeugt (Abb. 1). Dann legst du den rechten Daumen gegen den linken, wie die Abbildung zeigt, verdeckst aber auf der zum Publikum gerichteten Seite die Verbindungsstelle mit dem rechten Zeigefinger. Wenn du nun mit der rechten Hand den linken Zeigefinger entlangfährst, sieht es aus, als wäre der linke Daumen in der Mitte entzweigeschnitten. (Abb. 2 zeigt die Hände aus der Sicht des Publikums.) Rasch den Daumen wieder ganz gemacht, bevor noch ein Zuschauer in Ohnmacht fällt!

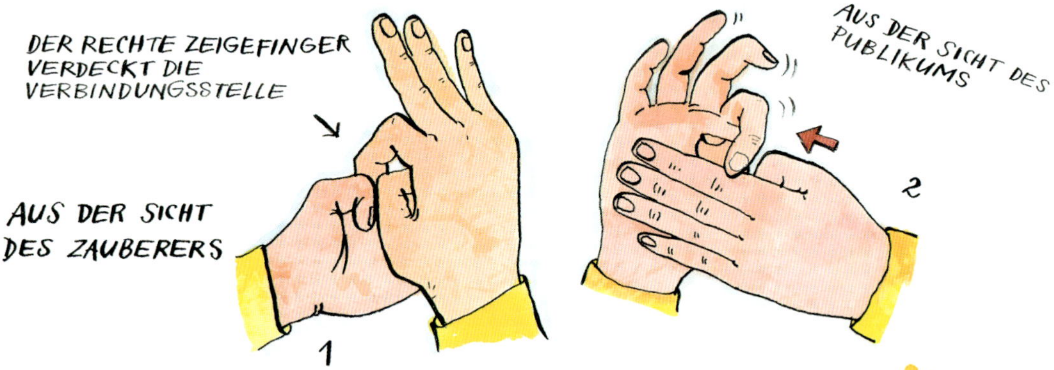

Der flatternde Schmetterling

Verschränke die Hände folgendermaßen: Der rechte Zeigefinger liegt zwischen dem linken Zeige- und Mittelfinger auf dem linken Handrücken. Der rechte Mittelfinger bleibt in der linken Handfläche. Der rechte Ringfinger liegt zwischen dem linken Mittel- und Ringfinger, und der rechte kleine Finger liegt zwischen Ringfinger und kleinem Finger der linken Hand. Die Zuschauer dürfen nicht merken, dass der rechte Mittelfinger fehlt und sich frei bewegen kann.

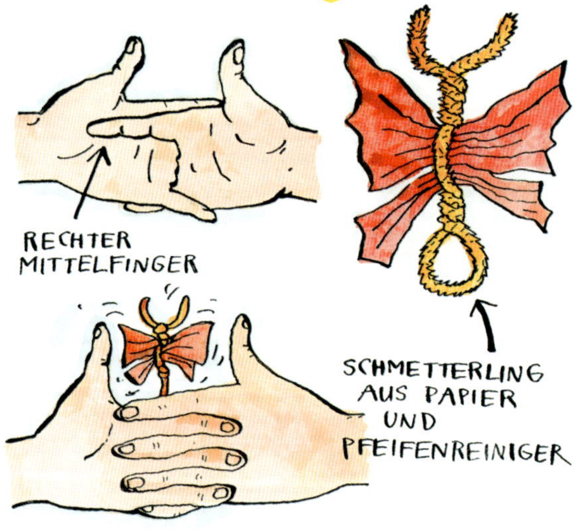

Und so bastelst du den Schmetterling:
Du schneidest die Flügel aus Papier zu und formst Körper und Fühler aus einem Pfeifenreiniger. In die kleine Schlinge am unteren Ende steckst du den rechten Mittelfinger – der Schmetterling kann tanzen!

DIE MAGISCHE SCHATZKISTE

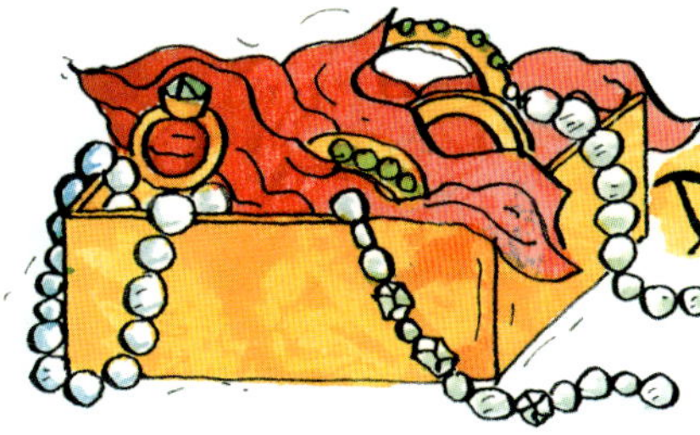

Du schüttest Konfetti in eine leere Schachtel, legst den Deckel darauf, nimmst ihn wieder ab – und präsentierst dem Publikum Perlen, Armreifen, Bänder, Seidentücher usw.

Vorbereitung:
Eine Schachtel, wie sie die Abbildung zeigt; die Größe ist weniger wichtig als die Tatsache, dass der Deckel genauso hoch sein muss wie die Schachtel selbst. Du verzierst die Schachtel nach Belieben, die Innenseite streichst du mattschwarz, oder noch besser, kleidest sie mit schwarzem Filz aus. In der Mitte des Deckels schneidest du ein Loch von 2 x 2 cm aus.

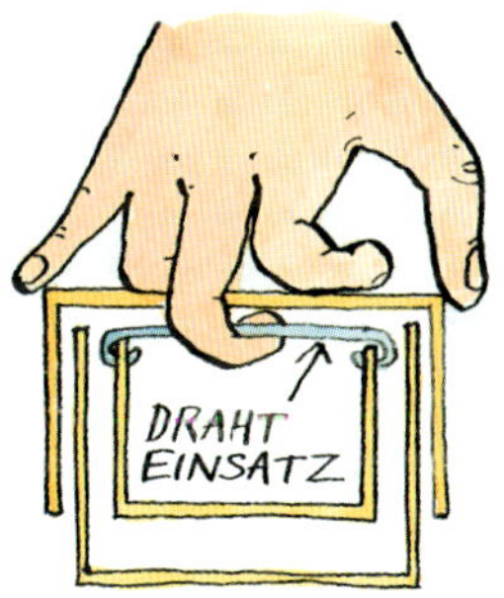

DER MITTELFINGER FASST DEN DRAHT

Nun benötigst du noch einen geheimen Einsatz – eine Schachtel, die in die Schatzkiste passen, auf jeden Fall aber 2 cm niedriger als der Deckel sein muss. Du streichst ihn innen und außen mattschwarz. Am Einsatz wird ein starker Draht befestigt, wie es die Abb. zeigt. Vor der Vorführung packst du den »Schatz« sorgfältig in den Einsatz, stellst diesen auf den Tisch und stellst den Deckel darüber. Die Schachtel selbst steht vor dem Deckel.

Vorführung:
Du zeigst, dass die Schachtel leer ist und schüttest Konfetti hinein. Nun nimmst du den Deckel, wobei der Mittelfinger durch das Loch den Draht fasst, sodass du beide zusammen aufhebst. Du hältst den Deckel leicht geneigt, damit das Publikum nicht hineinsehen kann. Lege nun den Deckel auf die Schachtel, bewege den Zauberstab und sage einen Zauberspruch. Nun hebst du den Deckel ab und präsentierst den Schatz.

DIE MAGNETISCHEN BECHER

Zwei Becher stehen mit der Öffnung nach unten auf einem Buch, du drehst das Buch um – die Becher fallen nicht herunter!

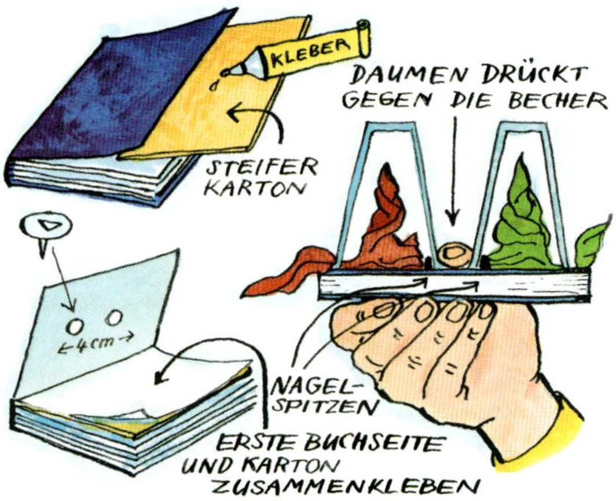

Vorbereitung:

Für diesen Zaubertrick benötigst du zwei normale Plastikbecher (später kann man auch Gläser verwenden!) und zwei Seidentücher, sowie ein Buch, das du folgendermaßen präparierst. Es muss ein Paperback mit einer auffälligen Zeichnung auf der Titelseite sein. Du klebst innen auf die Titelseite ein dünnes Stück Karton, dann stichst du durch diesen Karton zwei große Reißnägel, und zwar von innen nach außen, sodass die Spitzen vorne auf dem Buch herausstehen. In der Abbildung kannst du sehen, wo sich die Nägel befinden müssen, es ist auch darauf zu achten, dass der Abstand zwischen den Nägeln etwa 3 mm breiter sein muss als der eigene Daumen. Dann klebst du die erste Buchseite und den Karton zusammen, feilst die Spitzen der Reißnägel etwas ab und malst diese bunt an, um sie unsichtbar zu machen.

Vorführung:

Du zeigst die zwei Becher, steckst in jeden ein Seidentuch, von dem man einen Zipfel heraushängen lässt, und nimmst dann das Buch; blätterst die Seiten auf, um zu zeigen, dass nichts darin verborgen ist, wobei die eine Hand die Nägel verdeckt. Du legst das Buch nun mit dem Buchrücken in deine Hand, den Daumen auf der Oberseite, und stellst die Becher mit der Öffnung nach unten darauf, wobei der Rand eines jeden Bechers über je einen Nagel geht (siehe Abb.). Dann schiebst du den Daumen zwischen die Becher, sodass er die Becher fest gegen die Nägel drückt. Mit der freien Hand berührst du leicht die Becher, während du das Ganze langsam umdrehst. Zieh den Daumen nicht weg – die Becher bleiben hängen. Anschließend ziehst du vorsichtig die Seidentücher eines nach dem anderen heraus und wirfst sie auf den Tisch. Danach drehst du Buch und Becher wieder herum und nimmst die Becher herunter. Du wirfst einen davon in die Luft und fängst ihn wieder auf, um zu zeigen, dass sie nicht angeklebt waren.

DER RING IM HALSTUCH

Bei diesem Trick zeigst du dem Publikum einen gewöhnlichen Vorhang oder Schlüsselring, den du über den Zipfel eines Halstuchs ziehst. Wenn du das Halstuch ausschüttelst, fällt der Ring heraus. Beim zweiten Mal passiert das Gleiche. Beim dritten Mal erscheint der Ring festgebunden im Zipfel des Tuchs.

Vorbereitung:

Du benötigst zwei Ringe von genau gleichem Aussehen. Sie können aus jedem Material sein, dürfen aber nicht zu groß sein, damit du sie bequem in der Hand verstecken kannst.
Der eine Ring wird im Halstuch festgeknotet und bleibt verborgen in der rechten Hand, die während des ganzen Tricks das Halstuch hält.

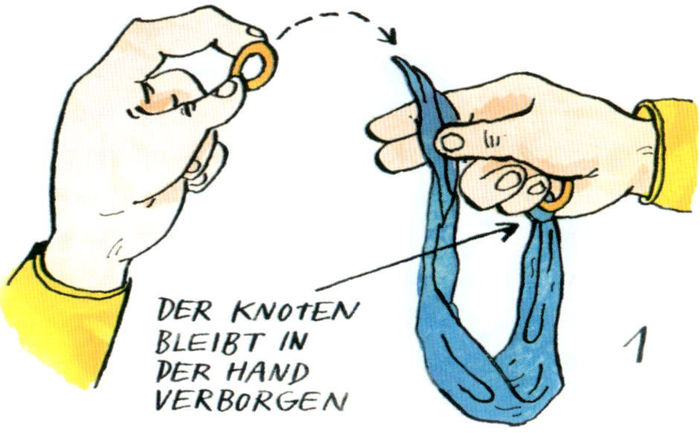

Vorführung:

Du zeigst dem Publikum den zweiten Ring und nimmst den anderen Zipfel des Halstuchs in die rechte Hand, wie Abb. 1 zeigt. Du ziehst den Ring über diesen Zipfel und schüttelst das Halstuch aus, wobei du den Knoten mit dem Ring festhältst. Natürlich fällt der Ring heraus. Dann machst du das Ganze nochmals. Das dritte Mal beginnst du genauso, aber anstatt den losen Ring loszulassen, lässt du den festgeknoteten Ring los und behältst das Ende mit dem losen Ring in der Hand. Das Publikum, das keine Ahnung hat, dass ein zweiter Ring im Spiel ist, wird verblüfft sein (Abb. 2).

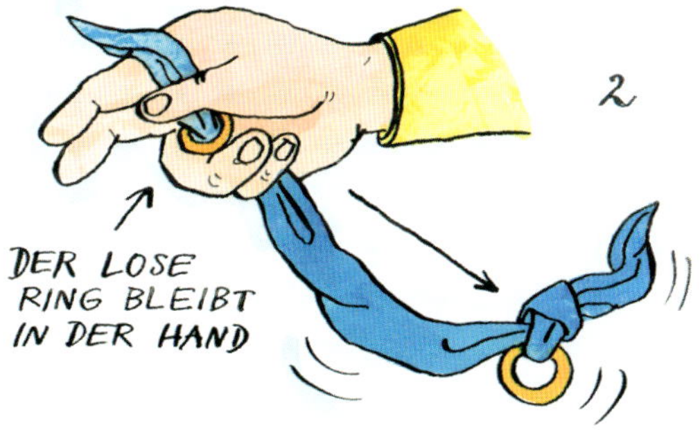

Nun bittest du einen Zuschauer, den Knoten aufzumachen und den Ring zu befreien. Währenddessen hast du Gelegenheit, den anderen Ring aus dem Halstuch zu ziehen und in der Hosentasche verschwinden zu lassen.

Tüchlein, du musst wandern

Verblüffend, geheimnisvoll, phantastisch:
Ein Zaubertuch stellt alle Naturgesetze auf den Kopf!

Du steckst in ein Wasserglas ein rotes Tüchlein, ungefähr 20 x 20 cm groß, bedeckst das Glas mit einem bunten Tuch ca. 40 x 40 cm, und – o Wunder! – das kleine rote Tuch wandert durch das bunte Tuch aus dem Glas heraus.
Du steckst das rote Tuch ein und wirfst es scheinbar in das Glas zurück. Der Zuschauer entfernt das bunte Tuch – das rote Tüchlein ist tatsächlich im Glas!

Vorbereitung:
2 rote Tüchlein 20 x 20 cm
1 buntes nicht transparentes Zaubertuch, ca. 40 x 40 cm
1 kleiner Gummiring
1 Glas

Zuerst knüllst du ein rotes Tüchlein ganz klein zusammen, legst es in die Mitte des bunten Tuches und ziehst den Gummiring darüber. So vorbereitet, steckst du es in deine Jackentasche.

Vorführung:
Zeige das Glas und stecke das – zweite – rote Tüchlein hinein. Hole das bunte Zaubertuch aus deiner Jackentasche, ergreif es in der Mitte und steck diesen Mittelteil, in dem sich das zweite rote Tüchlein befindet, zu dem im Glas befindlichen roten Tuch. Die vier Ecken des bunten Tuches hängen über das Glas. Nimm diese an der Unterseite des Glases zusammen und ziehe daran. So erscheint aus dem bunten Tuch das kleine rote Tuch. Der Gummiring fällt in das Glas. Stecke dieses rote Tuch in deine Tasche. Mache eine Wurfbewegung Richtung Glas, lass einen Zuschauer das bunte Zaubertuch vom Glas wegnehmen, und siehe da, das Tuch ist im Glas gelandet.

DER ZAUBERSTAB

Seit den Anfängen der Zauberei ist der Zauberstab das äußere Zeichen der magischen Kräfte gewesen, aber natürlich kann er nicht selbst zaubern! Er kann aber oft bei der Vorführung von Zauberkunststücken sehr nützlich sein und manchmal heimlich Hilfe leisten.
In früheren Zeiten wurden die Zauberstäbe aus Ebenholz gemacht, mit Elfenbeinspitzen und oft mit Gold verziert. Heutzutage sind sie meistens aus Plastik. Schwarz und Weiß sind zwar die traditionellen Farben für Zauberstäbe, aber es besteht kein Grund, sie nicht einmal ein bisschen anders zu machen. Oben findet ihr ein paar Beispiele. Eine gute Idee ist der viereckige Stab, der nicht vom Tisch rollen kann.

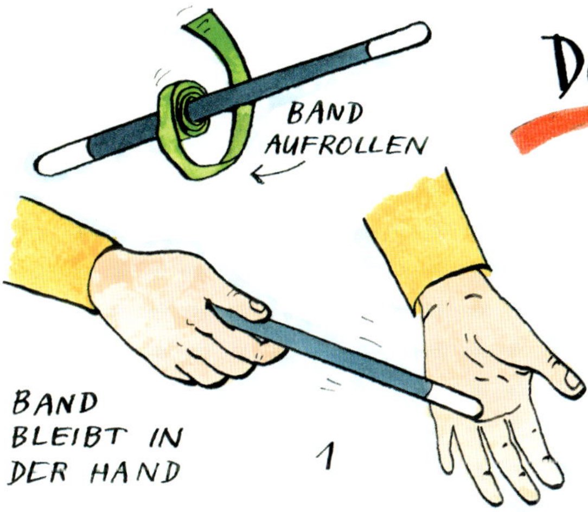

Der BAND-TRICK

Vorbereitung:
Du rollst ein 2 cm breites, maximal fünf Meter langes Band um das Ende eines Zauberstabes und hältst das Band mit dem Stabende in der rechten Hand versteckt.

Vorführung:
Du schlägst mit der vorderen Spitze leicht in die linke Handfläche, um zu zeigen, dass die Hand leer ist (Abb. 1). Dann nimmst du den Zauberstab in die linke Hand, natürlich ohne dass die Zuschauer das Band sehen. Du schlägst mit dem Stab auf die rechte Handfläche; dann nimmst du die vordere Spitze in die rechte Hand und ziehst den Stab aus der linken Hand, wobei das Band in der linken Hand zurückgelassen wird. Du bewegst den Zauberstab über der linken Hand und steckst ihn dann unter den linken Arm. Jetzt greifst du in die linke Faust und ziehst das Band mit schwungvollen Bewegungen heraus (Abb. 2).

DER STEIGENDE ZAUBERSTAB

Vorbereitung:

Du benötigst einen Holzstab von ca. 30 cm Länge und 1,5 cm Durchmesser. Du bohrst ein kleines, etwa 2 cm tiefes Loch in ein Ende. Dann streichst du den Stab mit glänzender schwarzer Farbe an, die Spitzen werden weiß oder silberfarben. Nun nimmst du eine kleine Büroklammer und biegst sie zu einem Haken zurecht, in den ein, wenn möglich hautfarbenes, Gummiband eingefädelt wird (siehe Abb.). Das Gummiband ziehst du über den Mittelfinger, sodass der Haken in der Handfläche bleibt.

Vorführung:

Nun hängst du den Haken in das Loch im Zauberstab und nimmst den Stab fest in die Hand. Wenn du den Stab nach unten drückst, ist das Gummiband angespannt. Lockerst du den Griff, steigt der Stab hoch. Wenn du den Stab plötzlich loslässt, fliegt er in die Luft.

Niemals die Handfläche zum Publikum drehen, Gummiband und Haken müssen unsichtbar bleiben!

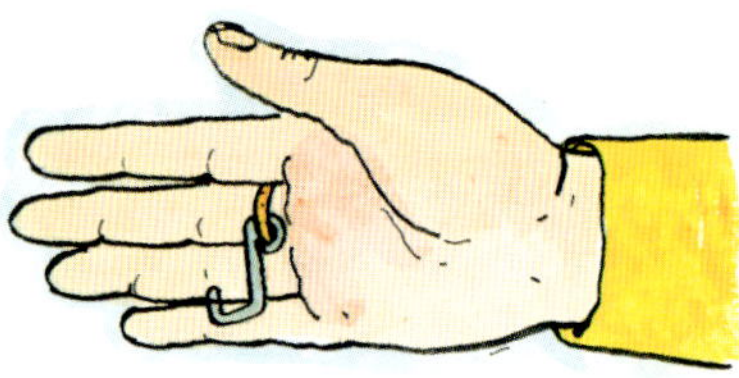

DER ZAUBERSTAB IN DER SPIELKARTENSCHACHTEL

Vorbereitung:

Du bohrst ein Loch in die Seitenwand einer leeren Spielkartenschachtel, wie die Abb. zeigt. Dann versteckst du den Zauberstab im linken Ärmel, die Spitze ragt in die linke Handfläche. Nun nimmst du die Schachtel in die linke Hand und steckst die Spitze des Zauberstabs in das Loch.

Vorführung:

Du öffnest die Schachtel, greifst hinein, und zum Erstaunen des Publikums, das ein Paket Karten erwartete, erscheint der Zauberstab!

Begleite diesen Zaubertrick mit einer spannenden Geschichte, die du dir selbst ausdenken kannst.

Mit Hilfe zweier Bänder werden verschiedene Juwelen an einem Zauberstab festgebunden – und auf geheimnisvolle Weise vom Magier befreit.

Vorbereitung:
Du brauchst einen Zauberstab, diverse Schmuckstücke und zwei Bänder von je 3 m Länge in der gleichen Farbe.

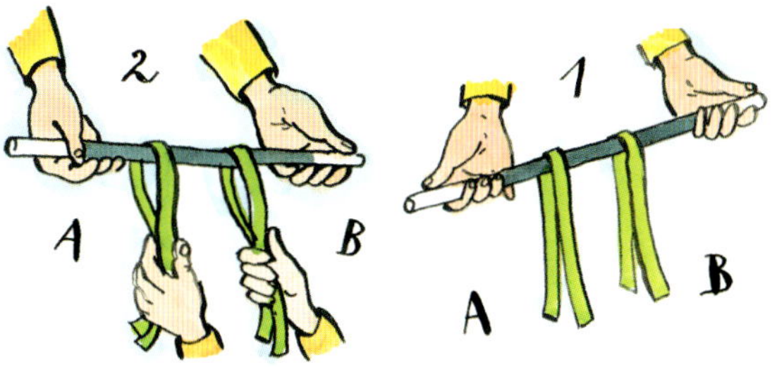

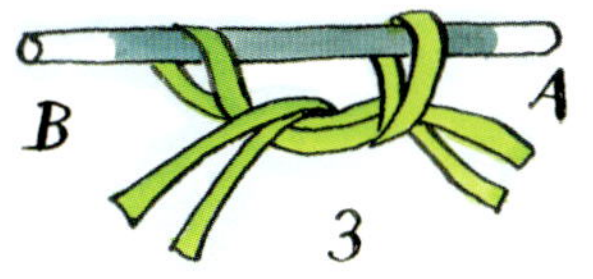

Vorführung:
Du bittest zwei Zuschauer mitzuhelfen. Einer hält den Zauberstab, über den du die Bänder legst (Abb. 1) – die Enden müssen gleich lang sein. Du nimmst die Enden in je eine Hand (Abb. 2) und machst einen einfachen Knoten (Abb. 3). Dann ziehst du den Knoten fest zusammen und gibst jedem der beiden Zuschauer zwei Enden zu halten. Sie glauben nun, dass sie jeweils ein Ende des einen Bandes und ein Ende des anderen Bandes halten, in Wirklichkeit halten sie beide jeweils die beiden Enden desselben Bandes. Darin besteht das Geheimnis des Tricks. Du lässt die beiden Zuschauer die Schmuckstücke auffädeln, wie Abb. 4 zeigt; schiebst die Schmuckstücke in die Mitte und bittest jeden Zuschauer um ein Ende. Du verknotest sie, wie Abb. 5 zeigt. Damit hast du die Seiten vertauscht, und jeder Zuschauer hält nun je ein Ende eines Bandes. Die Zuschauer müssen nun jedes Ende in eine Hand nehmen und den Knoten fest zusammenziehen.
Du nimmst alle Schmuckstücke mit der linken Hand, während die rechte Hand den Zauberstab fasst. Die Zuschauer müssen fest an den Enden ziehen, während du »Eins, zwei, drei, los!« rufst. Gerade bevor du »drei« rufst, ziehst du den Zauberstab heraus. Die Knoten sind verschwunden. Der Zauberkünstler hält rechts den Zauberstab, links die Schmuckstücke, die zwei Zuschauer halten die Bänder zwischen sich gespannt.

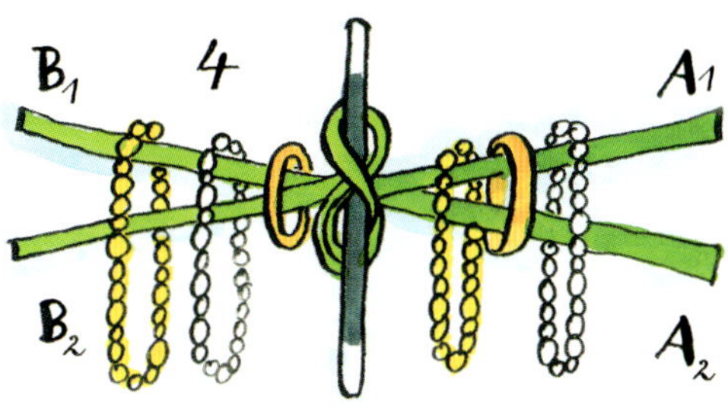

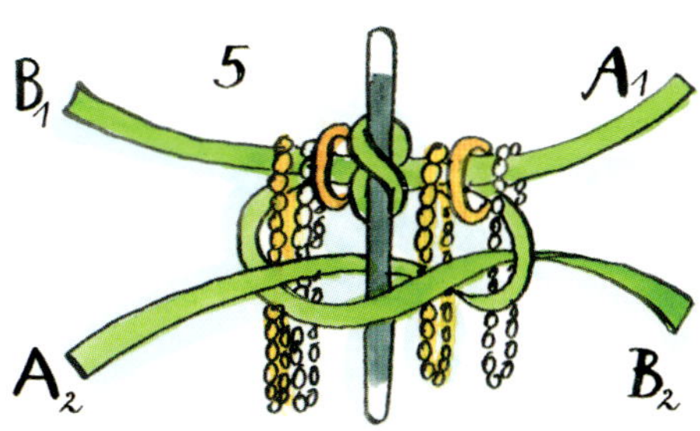

MÜNZEN DURCHBRUCH

Du legst ein transparentes, elastisches Gummituch über ein Glas oder einen Becher. Auf diesem Gummituch liegen eine große und eine kleine Münze. Der Zuschauer darf eine Münze wählen. Wenn er leicht auf die Münze drückt, durchdringt diese das Gummituch und fällt in das Glas.

Vorbereitung:

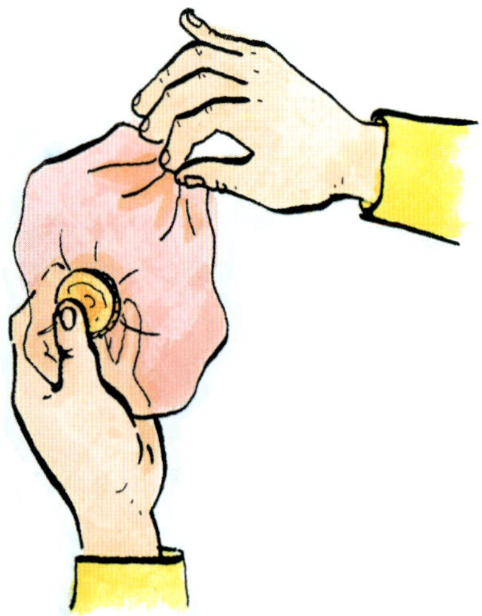

Du benötigst dazu nur ein Stück sehr dünnes transparentes Gummituch, 10 x 10 cm, und die beiden Münzen. Du kannst diesen Gummi aus sehr dünnen, alten hautfarbenen Gummihandschuhen ausschneiden oder einen hellen Luftballon zerschneiden. Spanne dieses Stück ganz fest über die kleine Münze und presse diese von unten in das Gummituch.Wenn du die beiden Seiten des Gummituches lockerst, zieht sich dieses zusammen und hält die Münze fest. So entsteht eine unsichtbare dünne Haut über dieser. Nun legst du das Gummituch mit der Münze nach unten über das Glas und hältst das Tuch fest. Du legst die große Münze auf die im Gummituch eingeschlossene, indem du sie halb verdeckst.

Vorführung:

Du bittest einen Zuschauer, eine Münze zu wählen. Wenn er sagt: »Die große Münze«, dann antwortest du: »Gut, die nehmen wir weg.« Du legst sie beiseite. Dann lässt du den Zuschauer auf die kleine Münze drücken. Sollte er aber die kleine wählen, lässt du ihn dies sogleich durchführen. Der Gummi gibt die kleine Münze durch den Druck frei, diese fällt in das Glas. Du wirst viel Spaß damit haben!

Die Zündholzillusion

Du hast vielleicht schon die Illusion der zersägten Assistentin gesehen. Ich möchte hier eine Kleinillusion – das Zersägen einer Holzschachtel mit einer Karte – beschreiben.

1

Aus einem Spiel lässt du eine Karte wählen und schneidest mit dieser in die Schachtel. Trotzdem schiebst du die Lade heraus und entnimmst Zündhölzer.

Du benötigst:
2 gleiche Zündholzschachteln
1 Kartenspiel
1 Tuch

2

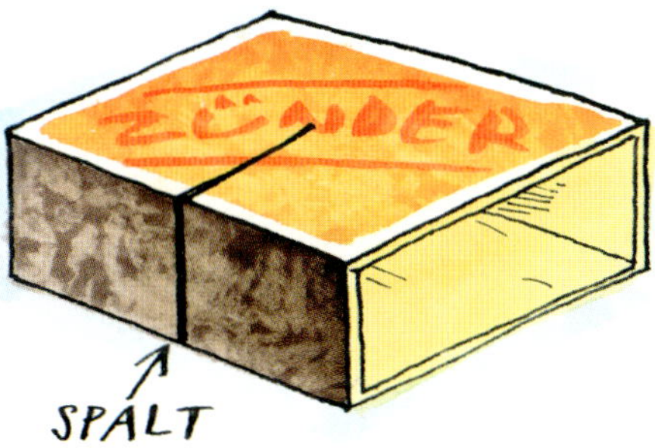

Vorbereitung:
Schneide eine Lade wie abgebildet zu und kürze die Zündhölzer auf die entsprechende Länge (Abb. 1). Am Außenrand legst du ganze Zünder, von denen du später welche entnehmen kannst. Die Außenschachtel schneidest du in der Mitte ganz dünn ein (Abb. 2). Vor der Vorführung legst du die ganze Schachtel auf den Tisch und bedeckst sie mit einem Tuch. Die von dir vorbereitete geschlossene Zündholzschachtel wird mit einer Karte eingesägt, die Lade bis zum Anschlag hinausgeschoben (Abb. 3). Zündhölzer werden entnommen und die Lade wieder geschlossen.

Nach Entnahme der Karte hebst du diese ein wenig hoch, führst die Schachtel unter das Tuch, nimmst sie mit diesem zusammen und legst beides weg. Auf dem Tisch bleibt die zweite Zündholzschachtel, die zusammen mit der Karte untersucht werden kann.

3

Farben raten

Bei diesem Trick weiß der Zauberkünstler im voraus, welche Farbe ein Zuschauer wählen wird.

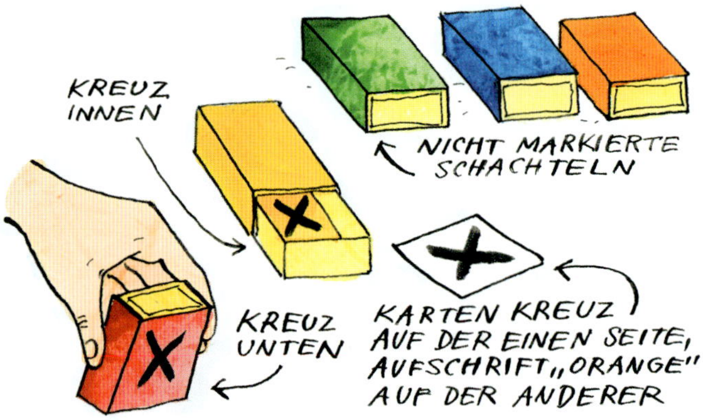

Vorbereitung:
Du benötigst fünf Streichholzschachteln, die du mit Buntpapier in den Farben Rot, Gelb, Blau, Grün und Orange überziehst. Weiters brauchst du einen großen Umschlag, einen Bogen Papier und ein ca. 6 x 6 cm großes Kärtchen aus Karton. Du malst ein schwarzes Kreuz unten auf die rote Schachtel, ein weiteres schwarzes Kreuz innen in die gelbe Schachtel – dann schreibst du auf die Vorderseite des Umschlages: »Die gewählte Farbe ist Blau«; auf den Bogen Papier schreibst du: »Die gewählte Farbe ist Grün« und steckst das Papier in den Umschlag. Schließlich malst du noch ein schwarzes Kreuz auf das Kärtchen und schreibst auf dessen Rückseite: »Die gewählte Farbe ist Orange.« Du legst den Umschlag mit der beschriebenen Seite nach unten auf den Tisch und legst die fünf Schachteln im Kreis obenauf, das Kärtchen liegt mit dem Kreuz nach oben in der Mitte.

Vorführung:
Du bittest einen Zuschauer, eine Farbe zu wählen, dann nimmst du vorsichtig das Kärtchen und legst es auf die gewählte Schachtel.
Rot: Du legst das Kärtchen wieder beiseite und drehst alle Schachteln um, um zu zeigen, dass nur die rote Schachtel markiert ist.
Gelb: Du öffnest alle Schachteln – nur die gelbe hat das Kreuz.
Blau: Du schiebst die Schachteln vorsichtig weg und zeigst die Aufschrift auf dem Umschlag.
Grün: Du nimmst das Papier aus dem Umschlag und zeigst die Aufschrift (Achtung auf die beschriebene Seite des Umschlags!).
Orange: Der Zuschauer darf das Kärtchen umdrehen und vorlesen, was darauf steht. Dieser Trick darf natürlich kein zweites Mal vorgeführt werden, sonst würden die Zuschauer hinter das Geheimnis kommen.

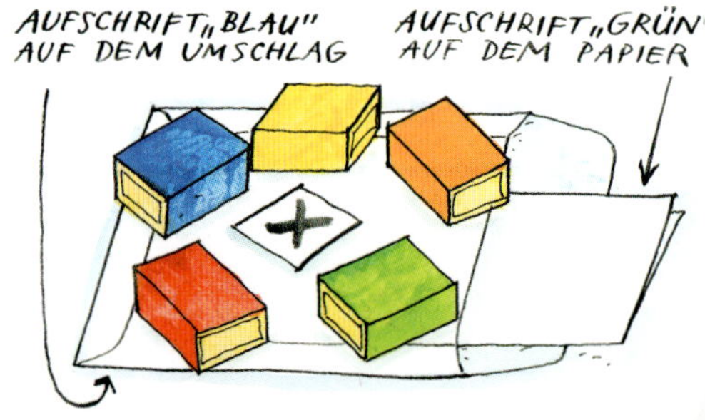

Der einhändige Knoten

Vorführung:
Du hältst das Tuch wie in Abb. 1. Ringfinger und kleiner Finger sind um das Tuch gekrümmt und ziehen es leicht weg vom Handgelenk. Das Ende B muss kürzer sein als A. Nun drehst du mit einer raschen Bewegung die Hand zu dir selbst und fängst zwischen Zeige- und Mittelfinger das Ende B, wie der Pfeil in der Abbildung zeigt.
Gleichzeitig lässt du den Ringfinger und den kleinen Finger los, schüttelst das Tuch – der Knoten ist fertig! Wenn es beim ersten Mal nicht klappt, ist das kein Grund aufzugeben. Du bekommst du den Dreh schon heraus!

DER KNOTEN RUND UM DEN ARM

Wenn jemand versucht, einen Knoten rund um sein eigenes Handgelenk zu machen, ist das für die Zuschauer meistens sehr lustig anzuschauen. Hier zeige ich dir, wie du ganz schnell einen solchen Knoten fertig bringst.

Vorführung:
Du drehst das Tuch zu einer möglichst dünnen Schnur zusammen, behältst die Enden fest in der Hand, und bildest rasch mit der rechten Hand vor dir einen Kreis gegen den Uhrzeigersinn. Das Tuch bildet dabei eine Art Schlinge in der Luft (Abb. 1 zeigt es aus der Sicht des Vorführenden). Im selben Augenblick fährst du mit der linken Hand durch die Schlinge, ohne das linke Ende loszulassen. Du ziehst nun am rechten Ende und lässt beide Hände los. Der Knoten sitzt rund ums Handgelenk – und du hast dazu weniger als eine Sekunde gebraucht (Abb. 2)!

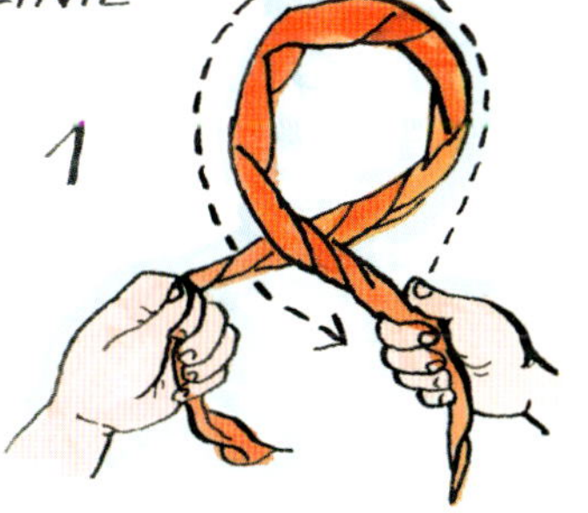

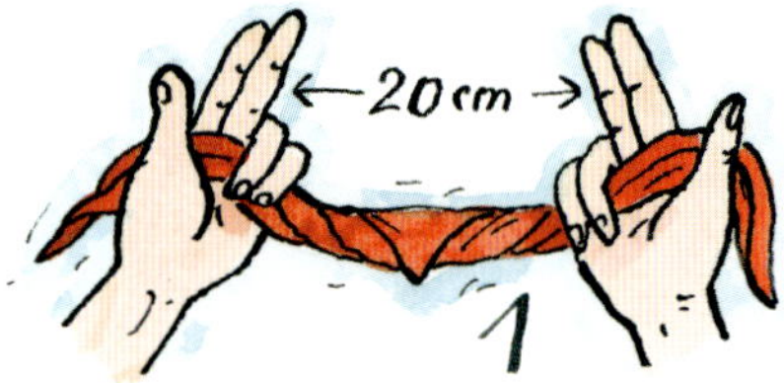

ZWEI KNOTEN ZUGLEICH

Die beiden vorigen Knoten erforderten rasche Handbewegungen; bei diesem Trick kannst du langsam üben, bis alle Bewegungen richtig sitzen.

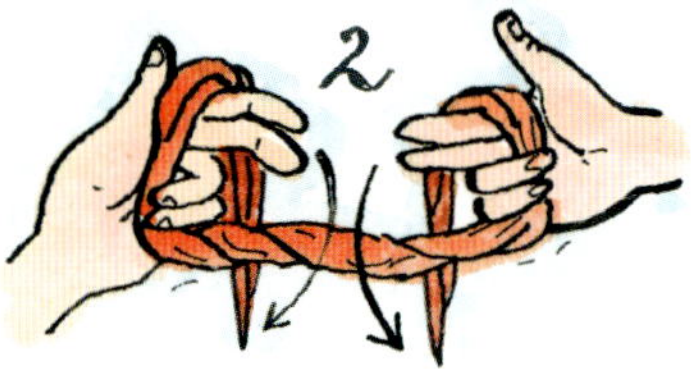

Vorführung:
Du drehst das Tuch wieder zu einer Schnur zusammen und hältst es wie Abb. 1 zeigt. Die Hände sollten ca. 20 cm voneinander entfernt sein, Ringfinger und kleiner Finger halten jeweils das Tuch fest. Nun drehst du die Hände, wie in Abb. 2 gezeigt, und zwar so weit, dass Zeigefinger und Mittelfinger jeweils ihr Tuchende erwischen (siehe Pfeil). Ringfinger und kleiner Finger lassen jeweils ihre Schlinge los, die beiden anderen Finger ziehen ihr Tuchende durch die Schlingen (Abb. 3). Diese Bewegungen musst du sehr gut üben, bis du sie sehr rasch mit beiden Händen gleichzeitig ausführen kannst. Manchmal bildet sich, während man mit Zeigefinger und Mittelfinger zieht, eine Schlinge im Knoten. In diesem Fall genügt es, den Knoten etwas zu lockern und dann fest an den Tuchenden zu ziehen.

Der unmögliche Knoten

Bitte einen Zuschauer, einen Knoten zu machen, ohne die Enden des Tuches loszulassen – Unmöglich! wird seine Antwort sein. Du kannst ihm aber beweisen, dass es doch möglich ist.

Vorführung:
Der Trick besteht darin, dass du zuerst einen Knoten in die Arme machst, d. h. sie verschränkst, wie die Abbildung zeigt. Du nimmst dann die beiden Tuchenden, ziehst die Arme auseinander, und der Knoten ist fertig! Dabei hast du auch nicht geschwindelt, wie manche sagen werden, du hast nur gemacht, was du ausdrücklich gesagt hast.

DER MAGNETISCHE ZUCKER

Hast du gewusst, dass es magnetische Zuckerwürfel gibt? Man reibt sie kurz aneinander und einer bleibt am anderen kleben – wie zwei Magnete. Lass aber einmal deine Freunde das Kunststück versuchen – es wird bestimmt nicht gelingen, denn sie haben keine Ahnung von deinem Geheimnis.

MIT BUTTER PRÄPARIERTER ZUCKERWÜRFEL

Vorbereitung:
Bevor du den Trick vorzeigst, streichst du ein kleines Stück Butter auf eine Seite eines Zuckerwürfels; man darf die Butter natürlich nicht sehen.

Vorführung:
Bei der Vorführung reibst du den präparierten Würfel an einem beliebigen anderen, und er wird kleben bleiben. Damit niemand dem Geheimnis auf die Spur kommt, wandert der Zucker gleich in ein heißes Getränk! Diesen Trick nie bei sehr heißem Wetter vorführen, die Butter könnte zu weich werden!

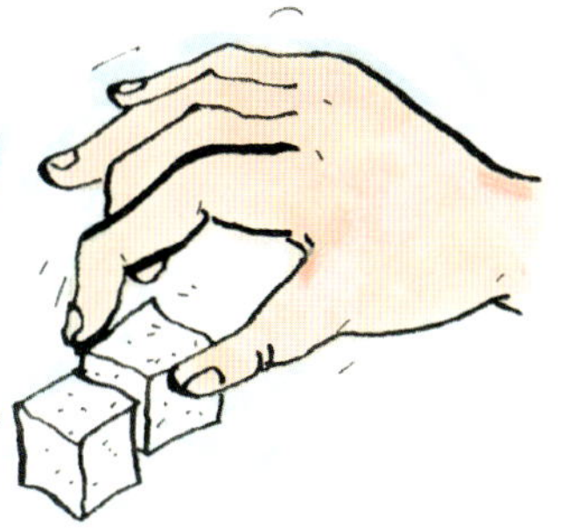

Ein Kunststück mit gefesselten Händen!

1

Du lässt dir von einem Zuseher mit einer Schnur die Hände binden. Auf diese Schnur bindet ein zweiter Zuseher ein farbiges kleines Tuch. Du wendest dich kurz ab, und schon hast du das Tuch befreit, ohne den Knoten zu öffnen. Nach erneutem Abwenden befindet sich das Tuch wieder auf der Schnur – die Zuschauer können alles untersuchen.

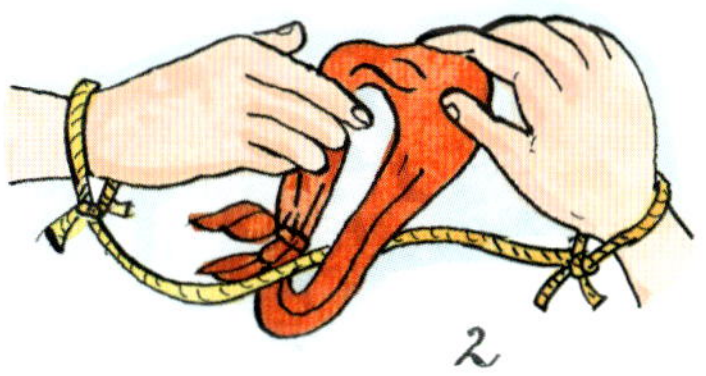

2

Vorführung:
Die Schnur soll ca. 1 m lang sein. Nachdem sich das Tuch auf der Schnur befindet (Abb. 1) und du dich abgewendet hast, brauchst du die Schlinge des Tuches nur über deine Hand zu ziehen (Abb. 2, 3) und von dort mit der anderen Hand unter der über dem Handgelenk locker zusammengebundenen Schnur Richtung Finger herunterzunehmen (Abb. 4). Beim Zurückgeben machst du es genau umgekehrt.

3

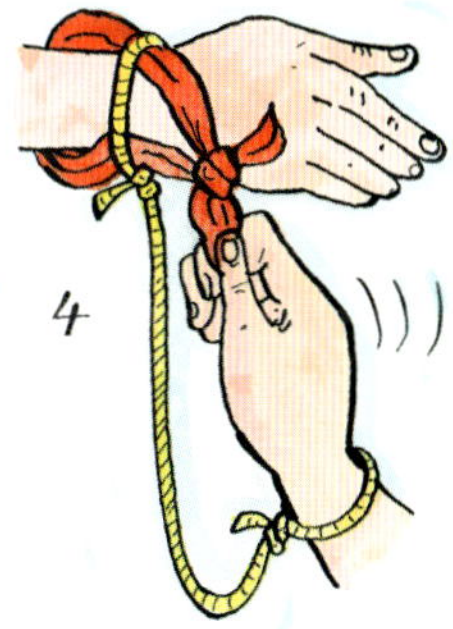

4

Die geheimnisvollen Sterne

Du knickst fünf Zündhölzer in der Hälfte ab (nicht brechen), sodass sie ein »V« darstellen. Anschließend legst du sie so auf einen Teller, dass sie einen Stern mit zehn Zacken bilden (siehe Abb.). Dann knüllst du ein Papiertaschentuch zusammen, tauchst es in Wasser, hältst es über die Mitte des Sterns und drückst es leicht aus. Auf die Streichhölzer selbst sollen nicht mehr als ein paar Tropfen Wasser fallen. Nach kurzer Zeit beginnen die Streichhölzer sich zu bewegen, und es entsteht ein fünfzackiger Stern.

Das Löffelkarussell

Du schlägst einen Nagel in ein Holzbrett oder in ein Stück Seife, legst einen Kaffeelöffel darauf, wie die Abbildung zeigt. Das ist das Schwierigste an diesem Trick. Danach trocknest du die Hände gut ab, nimmst einen Plastiksack, drehst ihn zu einer Art Seil zusammen und ziehst ihn einige Male durch die Hand. Nun hältst du ihn nahe an den Löffel; der Plastiksack zieht den Löffel an wie ein Magnet. Mit etwas Übung bringst du den Löffel dazu, sich rundherum zu drehen.

Die schwimmende Nadel

Kann ein Stück Stahl schwimmen? Natürlich nicht, außer es handelt sich um ein Schiff! Mit diesem Trick kannst du das Gegenteil beweisen. Du legst eine Nähnadel aus Stahl auf ein Stück Löschpapier oder Seidenpapier und lässt sie mit dem Papier vorsichtig in ein Glas Wasser gleiten. Das Löschpapier saugt sich mit Wasser voll und sinkt langsam auf den Grund – die Nadel schwimmt auf der Wasseroberfläche. Wenn du die Nadel leicht mit dem Finger berührst, geht sie ebenfalls unter.

KLAMMER DURCHDRINGUNG

Das Geheimnis der blauen Karte

Du zeigst deinen Zuschauern drei Karten, die in der Mitte ein Loch haben. Zwei davon sind mit roter Rückseite, eine mit blauer. Du legst die blaue zwischen die beiden roten Karten, steckst durch alle drei eine Klammer (siehe Abb.) und fixierst sie. Die blaue Karte ist nun eingesperrt. Ein magischer Spruch – und schon hat sich die blaue Karte auf unerklärliche Weise befreit.

Vorbereitung:
Für dieses Kunststück benötigst du nur vier Karten: drei rote, eine blaue – sowie eine Klammer. In zwei rote Karten schneidest du mit einer Schere je ein Loch, ca. 4 mm im Durchmesser, in eine rote und eine blaue Karte ein Loch mit 1 cm Durchmesser. Nun klebst du mit Klebeband die Rückseite einer roten Karte mit kleinem Loch und einer roten Karte mit großem Loch oben und unten zusammen (siehe Abb.).

Vorführung:
Zeige zuerst die einfache rote Karte. Halte sie in der linken Hand, mit der Bildseite zu den Zuschauern, dann lege die blaue darauf und zuletzt die doppelt geklebte. Die Klammer steckst du von hinten durch alle Karten bis zur Bildseite und drückst die Enden auseinander. Du erklärst nun, dass die blaue Karte gefangen sei und dass man sie nicht herausnehmen könne – nur wenn man die Klammer wieder öffnet und herauszieht. Das machst du bei diesen Worten und zeigst die Karten noch einmal einzeln vor. Lege die beiden roten Karten zusammen, die einzelne wieder zum Publikum, und halte beide mit dem Daumen der linken Hand auf der unteren Schmalseite und mit Mittel und Ringfinger auf der oberen. Mit dem linken Zeigefinger drückst du stark auf die rechte obere Ecke, nimmst mit der rechten Hand die blaue Karte und schiebst sie quer in den nun entstandenen Spalt der geklebten Karte, so weit, bis die Löcher übereinanderliegen. Stecke nochmals die Klammer durch und befestige sie. Du kannst jetzt die Karten auch von der Rückseite zeigen. Man sieht, dass die blaue Karte wirklich zwischen den roten liegt. Du nimmst die Karte wieder zwischen Daumen und Mittelfinger, ein leichter Druck – die Karten werden bauchig, eine magische Bewegung oder ein Zauberspruch: Ergreife die blaue Karte mit der rechten Hand und ziehe sie ein wenig in deine Körperrichtung. Die Karte schlüpft durch das große Loch aus der Klammer, und du kannst sie nach rechts herausziehen. Zeige die beiden roten Karten noch einmal von der Rückseite und stecke sie ein. Die blaue Karte kann ruhig untersucht werden.

Bei diesem Trick geht es um eine geheimnisvolle Flüssigkeit, die sich je nach dem Wunsch des Publikums färbt.

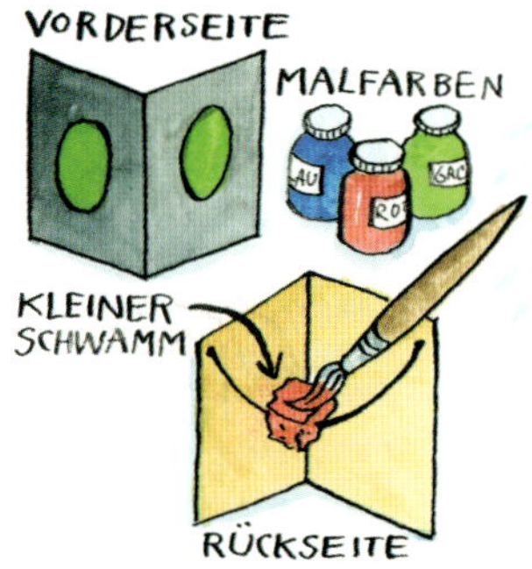

Auf dem Tisch stehen vier Gläser mit Wasser, die du nacheinander in einen großen Glaskrug gießt und wieder auf den Tisch stellst. Vor jedes Glas wird ein kleiner Wandschirm gestellt, das Publikum entscheidet sich für eine Farbe. Du gießt aus dem Krug ins Glas – das Wasser hat die gewünschte Farbe.

Vorbereitung:
Krug, Gläser und Wasser sind nicht präpariert. Das Geheimnis verbirgt sich hinter den kleinen Wandschirmen. Sie sind aus Karton und ca. 2 cm höher als die Gläser; die Gläser dürfen auch von der Seite nicht zu sehen sein. Du klebst zwei Stück Karton mit Klebestreifen zu kleinen Wandschirmen zusammen. Auf der Rückseite der Schirme befestigst du an den beiden oberen Ecken ein Stück schwarzen Faden, wie die Abb. zeigt. Du überziehst die Schirme auf beiden Seiten zB. mit schwarzer Selbstklebefolie. Du kannst sie auch bemalen, allerdings muss die Farbe wasserabweisend sein. Aus Buntpapier schneidest du große Kreise aus und klebst je zwei auf die Schirme. Rot, Gelb, Grün und Blau eignen sich gut als Farben. In der Mitte des Fadens befestigst du ein kleines Stück Schwamm. Unmittelbar vor der Vorführung tauchst du die Schwämmchen in die entsprechende Farbe.

Vorführung:
Die vier Gläser Wasser und der Krug stehen auf dem Tisch, die Schirme stehen dahinter. Du nimmst ein Glas nach dem anderen und gießt das Wasser in den Krug, um dem Publikum zu zeigen, dass es sich um gewöhnliches Wasser handelt. Dann stellst du die Gläser wieder auf und bittest das Publikum zu sagen, welche Farbe in welchem Glas erscheinen soll. Du stellst den entsprechenden Schirm vor das jeweilige Glas, wobei die Schwämmchen in die Gläser hängen müssen. Anschließend füllst du aus dem Krug Wasser in die Gläser – direkt auf die Schwämmchen, sodass sich das Wasser sofort färbt. Du entfernst die Schirme, neigst sie leicht nach vorne und klappst sie vorsichtig zusammen, damit niemand sehen kann, was sich darinnen verbirgt.

VON HINTEN GESEHEN

HOLZ AUS SÄGESPÄNEN

Der Zauberkünstler kündigt eine wissenschaftliche Sensation an: die Verwandlung von Sägespänen in Holz, eine sehr nützliche Erfindung!

Vorbereitung:

Du benötigst eine größere Schachtel, von ca. 20 x 20 x 30 cm, die du halb voll mit Sägespänen (z.B. Hamstereinstreu) füllst. Dann bastelst du den »Sägespäne-Umwandler« – eine hohe, rechteckige Schachtel, ca. 13 x 7,5 x 7,5 cm groß, die du mit Silberfarbe anstreichst und die mit allerlei Hebeln, Knöpfen und Kabeln bemalt wird, um ihr ein hochtechnisches Aussehen zu geben. Schließlich brauchst du ein Stück Holz von ca. 12 x 7 x 7 cm. Um es echt aussehen zu lassen, bestreichst du es rundherum mit Klebstoff und wälzt es in den Sägespänen. Dann stellst du die Schachtel mit den Sägespänen vorne auf den Tisch, dahinter den Umwandler und das Stück Holz, beide aufrecht stehend.

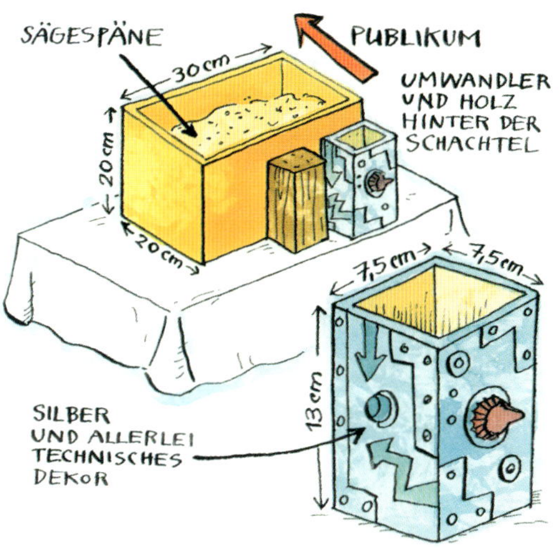

Vorführung:

Du zeigst dem Publikum den Umwandler und erklärst seine Funktion. Dann stellst du ihn zurück auf den Tisch, jedoch mit der Öffnung nach unten, und stülpst ihn über das Stück Holz. Nun erklärst du, dass man ja Rohmaterial haben müsse, zeigst die Schachtel mit den Sägespänen und lässt sie von einem Zuschauer untersuchen. Du stellst die Schachtel wieder auf den Tisch, nimmst den Umwandler (mit dem Holz darinnen), bringst ihn in die Schachtel mit den Sägespänen, lässt das Holz herausgleiten und füllst den Umwandler mit Sägespänen. Du hebst den Umwandler hoch und lässt die Sägespäne wieder zurückrieseln; das wiederholst du einige Male. Beim letzten Mal nimmst du das Stück Holz mit dem Umwandler auf, wobei du darauf achtest, dass zuoberst eine Schicht Sägespäne liegt, die du mit der Hand glättest. Nun drehst du an den Hebeln und Knöpfen des Umwandlers, um ihn in Gang zu setzen, und lässt dann – für alle sichtbar und hörbar – das Stück Holz auf ein Metalltablett fallen. Der Beweis ist geglückt!

DIE VERLORENE WETTE

Diese Wette gewinnst du ganz bestimmt!

Lege zwei Zündhölzer auf den Tisch. Brich eines sichtbar in die Hälfte. Stecke zuerst das ganze Zündholz zwischen Daumen und Zeigefinger der linken Hand, dann die beiden Hälften daneben. Frage einen Zuschauer, welches von beiden das gebrochene ist – er wird immer das falsche wählen.

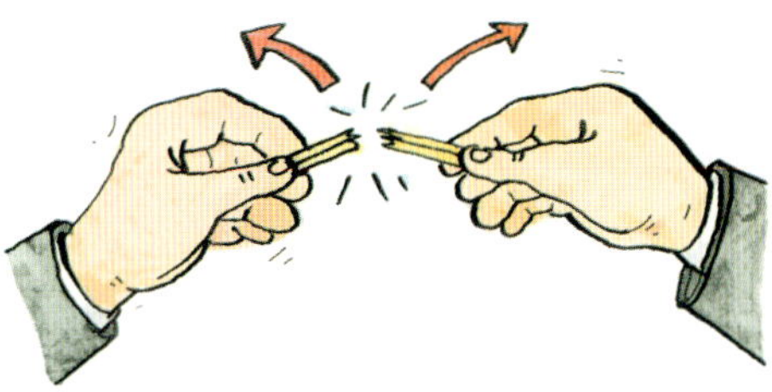

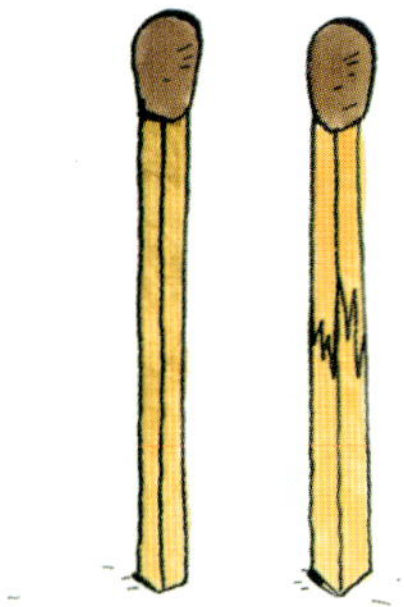

Vorbereitung:
Knicke ein Zündholz leicht ein, und ziehe die beiden Teile auseinander, sodass die Bruchstelle faserig ist. Stecke diese beiden Teile wieder fest zusammen, sodass sie wie ein ganzes Zündholz aussehen. Lege dieses zusammengesteckte auf den Tisch und gib ein zweites daneben.

Vorführung:
Brich das letztere sichtbar vor den Zuschauern in die Hälfte und lege es auf den Tisch zurück. Nimm das zusammengesteckte Zündholz zwischen Daumen und Zeigefinger der linken Hand (Bruchstelle verdeckt, stecke das vor den Augen der Zuschauer gebrochene in der gleichen Position daneben).
Frage dein Publikum, welches von den beiden das gebrochene sei.

Es wird natürlich auf das sichtbar gebrochene zeigen.
Du aber ziehst einfach die beiden Teile des vorbereiteten Zündholzes zwischen deinen Fingern hervor und zeigst diese als das gebrochene.

Wenn Münzen zu wandern beginnen ...

Du nimmst vor den Augen des Publikums aus einer Zündholzschachtel die Zünder heraus und schiebst die leere Lade wieder zurück. Jetzt drehst du eine Münze auf dem Tisch, bedeckst sie mit der Zündholzschachtel – die Münze verschwindet. Du öffnest die Schachtel, jetzt befindet sich die Münze darin!

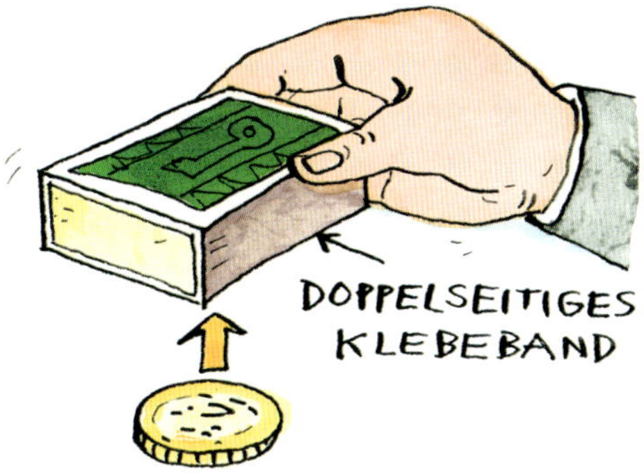

Vorbereitung:
2 gleiche Münzen
1 Zündholzschachtel
1 Doppelklebeband

Vorführung:
Auf die Unterseite der Schachtel klebe ein Stück Doppelklebeband. Öffne die Schachtel zu drei Viertel, sodass du die Zündhölzer später herausnehmen kannst. Klemme eine Münze zwischen Deckel und Schmalseite der Schachtel ein. Ergreife die halb geöffnete Zündholzschachtel, nimm die Zündhölzer heraus, schließe die Schachtel, die Münze fällt automatisch hinein. Nachdem die sich drehende Münze zum Stillstand gekommen ist, stellst du die Schachtel fest darauf – die Münze bleibt am Klebeband haften. Hebe die Schachtel auf und zeige, dass die Münze verschwunden ist. Jetzt öffnest du die Schachtel und zeigst, dass die Münze in sie hineingewandert ist. Achte darauf, dass niemand die angeklebte Münze sieht!

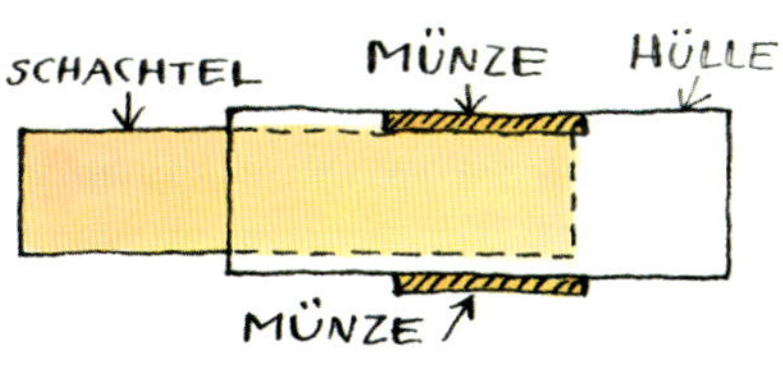

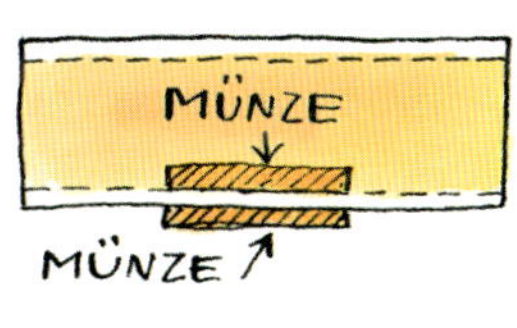

DIE MAGISCHEN SCHEIBEN

Mit diesem Trick kannst du beweisen, dass auch du Gedankenlesen kannst.

Du legst die Scheiben auf den Tisch und bittest einen Zuschauer, sich eines der Zeichen zu merken und alle Scheiben aufzuheben, auf denen dieses Zeichen abgebildet ist – sofort kannst du ihm das gewählte Zeichen sagen!

Vorbereitung:
Du schneidest aus Karton fünf Scheiben von ca. 7 cm Durchmesser aus und bemalst sie genau nach der Vorlage, am besten mit mehreren Farben.

Wie der Trick funktioniert:
Die Anordnung der Zeichen ist sehr wichtig. Jedes Zeichen entspricht einer Zahl, wie du es von der Tabelle unten entnehmen kannst.
Die Zeichen-Zahlen-Kombinationen musst du ohne nachzudenken beherrschen.

Vorführung:
Du legst die Scheiben mit den Zeichen nach oben auf den Tisch und bittest einen Zuschauer, ein Zeichen zu wählen und sämtliche Karten, auf denen das gewählte Zeichen abgebildet ist, aufzuheben. Du betrachtest rasch die Scheiben, die auf dem Tisch zurückgeblieben sind, zählst die Zahlen, die den Zeichen in der Mitte entsprechen zusammen und ziehst diese Zahl von 15 ab. Das Ergebnis ist die Zahl die dem gewählten Zeichen entspricht. Ein Beispiel: auf dem Tisch liegen die zwei Karten, die in der Mitte einen Stern und ein Viereck haben. Das bedeutet 5 + 4 = 9; 15–9 = 6; der Zahl 6 entspricht die Blume mit sechs Blütenblättern.
Oder: auf dem Tisch liegt eine Karte mit einem Dreieck in der Mitte. Das bedeutet 15–3 = 12, es handelt sich um die Uhr.
Nun kannst du den Trick gleich ausprobieren – er funktioniert bestimmt!

1		DER KREIS WIRD MIT EINER LINIE GEZOGEN
2		DER ZUNEHMENDE MOND BESTEHT AUS ZWEI LINIEN
3		DAS DREIECK BESTEHT AUS DREI LINIEN
4		DAS VIERECK BESTEHT AUS VIER LINIEN
5		DER STERN HAT FÜNF ZACKEN
6		DIE BLUME HAT SECHS BLÜTENBLÄTTER
7		DAS MAGISCHE HAUS: 4 + 3 = 7 SIEBEN
8		DAS DOLLARZEICHEN IST SO ÄHNLICH WIE ACHT
9		DER FISCH = 3 DREIECKE 3×3=9 NEUN
10		SATURN: 0+1=10 ZEHN
11		DAS GLEICHHEITSZEICHEN IST II QUERGESTELLT ELF
12		DIE UHR HAT 12 STUNDEN ZWÖLF
13		DAS HUFEISEN BRINGT GLÜCK-DREIZEHN BRINGT UNGLÜCK
14		DER BLITZ- ZWEI AUFEINANDER GESTELLTE 7, 7+7= VIERZEHN

Die magischen Perlen

Der Zauberkünstler legt einzelne Perlen und einen Faden in einen Papier- oder Kunststoffbecher und zieht eine ganze Perlenkette hervor!

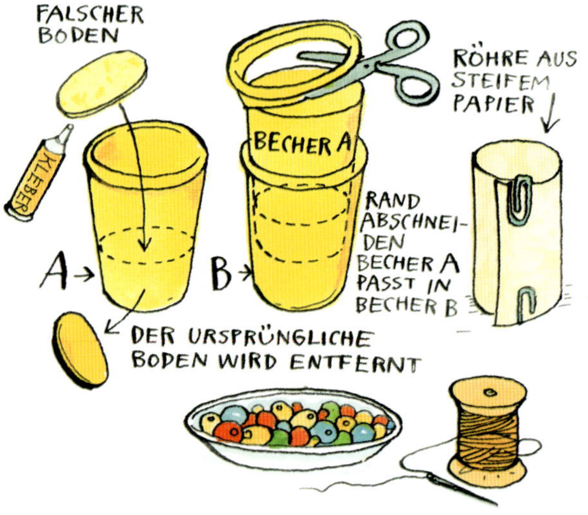

Vorbereitung:
Du benötigst eine Perlenkette, lose Perlen und einen Faden, zwei große Papierbecher, eine Röhre aus steifem Papier oder Karton, die etwas höher sein muss als die Papierbecher und ein kleines Tablett.
Du entfernst den Boden eines Bechers und klebst ungefähr auf Drittelhöhe einen falschen Boden hinein. Dann steckst du den präparierten Becher in den anderen und schneidest sorgfältig den oberen Rand ab, sodass es wie ein Becher aussieht.
Du versteckst die ganze Perlenkette unter dem falschen Boden, steckst die Becher ineinander und legst die losen Perlen in den präparierten Becher.

Vorführung:
Du lässt die losen Perlen auf das Tablett fallen, um zu zeigen, dass sie wirklich lose sind; auch den Becher drehst du für einen Augenblick um, um zu beweisen, dass er leer ist, der präparierte Becher darf aber dabei nicht herausrutschen.
Nun gibst du die losen Perlen wieder in den Becher, stellst die Röhre darüber, und wirfst noch den Faden hinein.
Anschließend sagst du einen Zauberspruch und hebst die Röhre auf, wobei die Finger den inneren Rand des präparierten Bechers ergreifen und ihn gemeinsam mit der Röhre hochziehen. Dann stellst du die Röhre auf dem Tisch ab; wirfst die Perlenkette aus dem Becher in die Luft - und fängst sie auf!

Diese Becher und die Röhren sind sehr vielseitig verwendbar – man kann damit die verschiedensten Effekte erzielen, Vorbereitung und Vorführung bleiben immer gleich. Die folgenden Beispiele sollen dir als Anregung dienen.

Der magische Nussknacker

Du erzählst dem Publikum, dass diese Röhre die neueste Erfindung zum Knacken von Nüssen sei. Nun legst du ganze Nüsse oder Mandeln in den Becher und zauberst Nuss oder Mandelkerne hervor – möglichst mit den Schalen, damit es echt aussieht.

DAS BUNTE BAND

Du klebst oder nähst kurze Bänder in verschiedenen Farben zusammen, wie es die Abb. zeigt, und versteckst das lange Band im Geheimfach. In den Becher legst du einzelne kurze Bänder in den gleichen Farben.

DIE ZUCKERL–BONBONFABRIK

Für diesen Trick bemalst du die Röhre so, dass sie wie ein Fabrikschlot aussieht. Du schüttest Zucker in den Becher und zauberst Süßigkeiten hervor, die du nachher im Publikum verteilst.

Die Seidentücher

Du brauchst dazu zwei Röhren und zweimal zwei Becher, ebenso zweimal zwei Seidentücher von jeweils gleicher Farbe. Du steckst ein rotes in einen Becher, ein blaues in den anderen und lässt sie Platz tauschen.

DAS KLAVIER-KUNSTSTÜCK

Wie leicht du jemanden ablenken kannst ...

Dieses nette, aus dem Stegreif vorführbare Kunststück ist ein ausgezeichnetes Beispiel dafür, wie du Menschen durch ein Gespräch ablenken kannst. Der Name »Klavierkunststück« kommt daher, weil der Zuschauer, mit dem du zauberst, seine Hände so auf den Tisch legen soll, als würde er Klavier spielen (nur die Daumen legt er flach aneinander). So entstehen zwischen den Fingern auf jeder Hand vier Spalten, in welche du Karten stecken kannst.

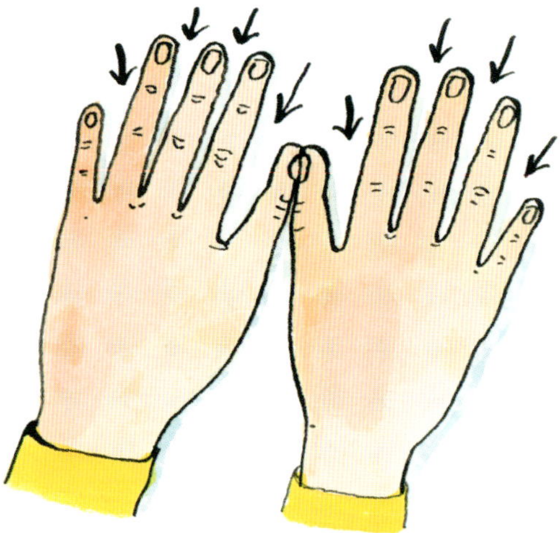

Vorführung:
Du nimmst die zwei obersten Karten vom Päckchen und steckst sie mit den Worten »ein Paar« zwischen kleinen und Ringfinger der linken Hand. Die nächsten zwei Karten kommen zwischen Ring- und Mittelfinger der linken Hand, und du sagst wieder »ein Paar«. So wiederholt sich dieser Vorgang viermal, bis der Zuschauer acht Karten zwischen den Fingern hat, worauf du ihn aber nicht aufmerksam machen sollst.

Jetzt mach das gleiche mit dreimal zwei Karten auf der rechten Hand und betone jedes Mal: »ein Paar«. Zuletzt gibst du aber nur eine Karte zwischen die Finger, und jetzt sagst du »unpaarig«. Das Resultat wird sein, dass es insgesamt fünfzehn Karten sind, was du aber weise verschweigen wirst. Du beginnst, die Kartenpaare in der gleichen Reihenfolge herauszunehmen, so dass du mit der rechten Hand die eine, mit der linken die andere Karte ergreifst, sie nebeneinander auf den Tisch legst und erneut betonst: »ein Paar«.

Dieser Vorgang wird mit den Kartenpaaren so lange wiederholt, bis zwei kleine Päckchen entstehen. Wiederhole jedes Mal das Sprüchlein: »ein Paar«. Lege die letzte einzelne Karte auf ein Päckchen und betone besonders: »unpaarig«. Fordere den Zuschauer auf, das unpaarige Päckchen in die Hand zu nehmen und festzuhalten. Dir bleibt somit das »paarige« Päckchen. »Und jetzt, mein lieber Zauberfreund, geschieht das Unglaubliche!«

Mit diesen Worten tust du so, als würdest du eine Karte aus dem Päckchen des Zuschauers nehmen, um diese mit einer magischen Wurfbewegung in dein Päckchen wandern zu lassen. Du forderst den Zuschauer auf, die Anzahl seiner Karten zu zählen. Alle werden über deine Fähigkeiten erstaunt sein, du aber sagst nur: »Du warst ein wunderbares Medium!«

DIE TUCHVERFÄRBUNG

Du nimmst aus einer Zündholzschachtel die wenigen darin befindlichen Streichhölzer heraus und zeigst die Schachtel leer vor. Dann legst du das weiße Tuch hinein. Die verschlossene Schachtel berührst du einige Male mit dem Zauberstab. Dann öffnest du die Schachtel: Das Tuch ist jetzt rot gefärbt.

Dazu benötigst du:
Eine präparierte Zündholzschachtel
ein rotes Tuch (6 x 6cm)
ein weißes Tuch (6 x 6cm)

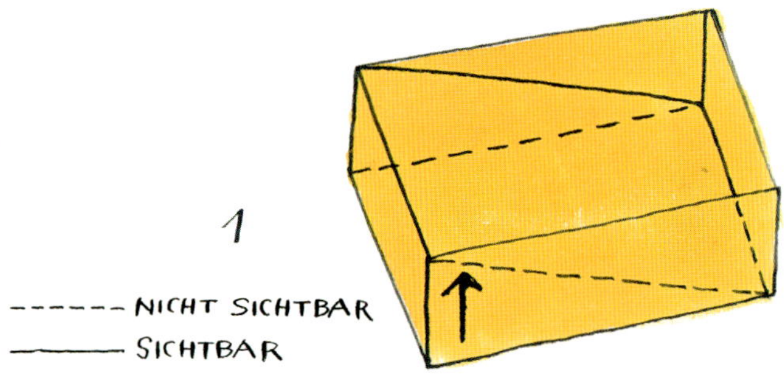

Vorbereitung:
Den Boden einer Zündholzschublade trennst du vorsichtig mit einer Schere von den beiden Längsseiten und einer Schmalseite ab, drückst ihn mit dem losen Ende nach oben und klebst dieses auf dem oberen Teil sauber fest, so dass ein schräger Zwischenboden entsteht (Abb. 1).
In einem der beiden Hohlräume wird das rote Tuch versteckt. Die Schublade kommt wieder in die Hülle, die auf beiden Seiten mit einem blauen Papier beklebt wird, was der Zuschauer aber nicht sieht. Anfangs liegen der besseren Wirkung halber noch einige Streichhölzer in der Schachtel.

Vorführung:
Du nimmst die Zündhölzer sichtbar aus der Schachtel heraus und zeigst die halbgeöffnete Schachtel leer vor. Dann legst du das weiße Tuch (Abb. 2) hinein. Während des Zauberspruches drehst du die Schachtel um und bringst das rote Tuch zum Vorschein (Abb. 3). Beim Einlegen des weißen Tuches sagst du bewusst: „Sie sehen hier die Schachtel, in die ich jetzt das weiße Tuch lege."

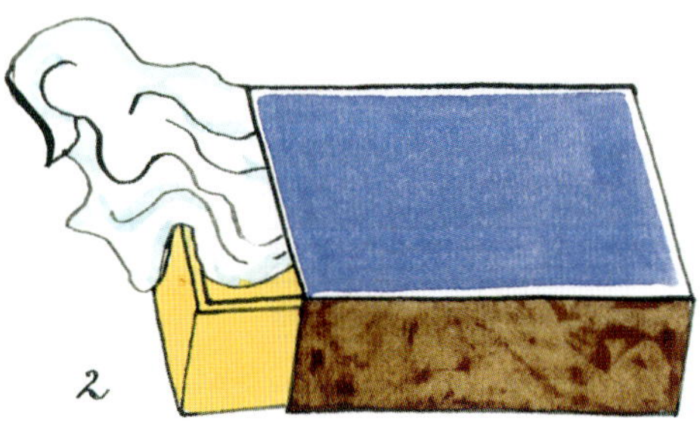

Du bittest einen Zuschauer um seine Uhr oder ein anderes Schmuckstück und deckst Uhr und Hand mit einem großen Tuch zu. Nun lässt du mehrere Zuschauer unter das Tuch greifen und bestätigen, dass die Uhr noch da ist. Dann wirfst du zum großen Schrecken dessen, dem die Uhr gehört, das Tuch auf den Boden und trampelst darauf herum. Du nimmst das Tuch wieder auf und schüttelst es – die Uhr ist verschwunden. Zur Erleichterung ihres Besitzers taucht sie irgendwo im Raum wieder auf.

Vorführung:
Für diesen Trick brauchst du einen heimlichen Helfer. Er wird als Letzter gebeten, unter das Tuch zu greifen; er nimmt die Uhr an sich und versteckt sie während der allgemeinen Aufregung um das Verschwinden der Uhr an einer Stelle, auf die du dich vorher mit ihm geeinigt hat. Du deutest dann mit dramatischer Gebärde auf die Stelle, und der Eigentümer wird froh sein, seine Uhr wiederzusehen!

DER GEHEIMNISVOLLE PAPIERSTREIFEN

Ein Papierstreifen wird in sieben Stücke zerrissen und erscheint als ein ganzer Streifen in einer Schüssel.

1

Vorbereitung:

Da es sich um einen Trick handelt und nicht um ein Wunder, musst du dir einen Vorrat an Papierstreifen anlegen, denn bei jeder Vorführung geht ein Streifen kaputt. Du schneidest aus Papier Streifen von 5 x 35 cm, faltest sie in sieben Stücke, und druckst mit Hilfe von Kartoffeln, in die du ein Muster geschnitten hast, sowie Malfarbe auf jeden Abschnitt ein geheimnisvolles Zeichen (siehe Abb. 1). Das Buch wird präpariert, indem du aus den mittleren Seiten ein quadratisches Stück herausschneidest, wie die Abb. 2 zeigt. Dort wird der Papierstreifen versteckt; er muss glatt gefaltet und ziemlich flach sein, damit er leicht aus diesem Versteck herausgleiten kann. Du gibst einen Streifen in die Schüssel und stellst die Schüssel auf den Tisch. Das Buch, in dem ein zweiter Streifen versteckt ist, liegt daneben, sodass das Publikum das herausgeschnittene Stück nicht sehen kann.

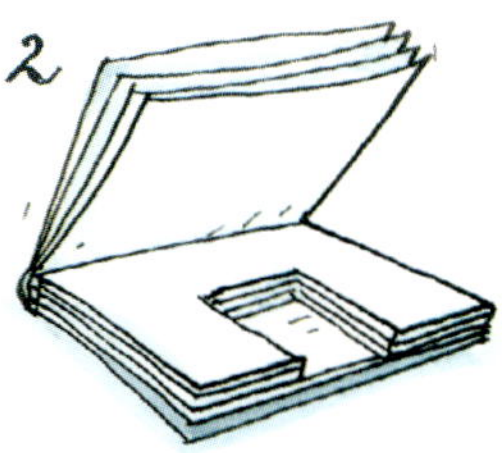

2

Vorführung:

Du nimmst den Papierstreifen aus der Schüssel und zeigst, dass die Schüssel leer ist. Dann legst du das Buch auf die Schüssel, ziehst den Papierstreifen aus der Schüssel darunter hervor und zerreißt ihn in sieben Stücke. Die Stücke stapelst du auf dem Buch.

Nun nimmst du das Buch mit der linken Hand am Buchrücken, der Daumen hält den Stapel Papiere (siehe Abb. 3). Du kippst das Buch zu dir, scheinbar, um die Stücke in die Schüssel gleiten zu lassen. In Wirklichkeit ist es der ganze Streifen, der aus dem Buch rutscht, während der Daumen immer noch die Papierstücke festhält. Du nimmst das Buch am Rand mit der Öffnung mit der rechten Hand, der rechte Daumen hält nun die Papierstücke. Du legst das Buch mit der präparierten Seite zu dir und mit den Papierstücken darunter auf den Tisch.

Diese Bewegung musst du vor einem Spiegel üben, bist du sie wirklich gut beherrschst. Du bewegst den Zauberstab über der Schüssel, hebst sie auf, wirfst den Papierstreifen in die Luft, fängst ihn auf und zeigst, dass die geheimnisvolle Botschaft noch da ist.

3

Alchemisten TRAUM

Alchemisten nannte man die Leute, die im Mittelalter versuchten, aus unedlen Metallen Gold herzustellen – vergeblich natürlich. Dir gelingt das ganz leicht, indem du eine Münze an deinem Ellbogen reibst!

Vorbereitung:
Ein Stein, der ungefähr die Größe des Daumens hat, wird mit Goldfarbe angestrichen, sodass er wie ein kleiner Goldklumpen aussieht (Abb. 1).

Vorführung:
Dieser Goldklumpen wird im rechten Ärmel in Ellbogenhöhe versteckt; der Arm wird abgewinkelt gehalten, damit der Stein nicht herausfällt. Nun bittest du einen Zuschauer um eine Münze. Du nimmst sie zuerst in die linke, dann in die rechte Hand, um dem Publikum zu zeigen, dass die Hände leer sind. Schließlich legst du die linke Hand an das linke Ohr und reibst mit der rechten Hand die Münze einige Male am linken Ellbogen (Abb. 2). Dann täuschst du eine kleine Ungeschicklichkeit vor und lässt die Münze auf den Boden fallen. Während du dich bückst und die Münze mit der linken Hand aufhebst, streckst du den rechten Arm, sodass der Goldklumpen in die rechte Hand fällt. Dort hältst du ihn mit Hilfe des Ringfingers und des kleinen Fingers versteckt. Dabei muss deine Hand ganz locker sein, damit das Publikum keinen Verdacht schöpft (Abb. 3). Nun gibst du vermeintlich die Münze in die rechte Hand, lässt sie aber in Wirklichkeit in der linken Hand. Du hebst die linke Hand wie zuvor an das linke Ohr und beginnst wieder mit der rechten Hand am linken Ellbogen zu reiben. Die Münze lässt du inzwischen unauffällig in den Hemdkragen fallen. Du reibst noch etwas, sagst einen passenden Zauberspruch – und schon hat sich die Münze in einen schönen Goldklumpen verwandelt!

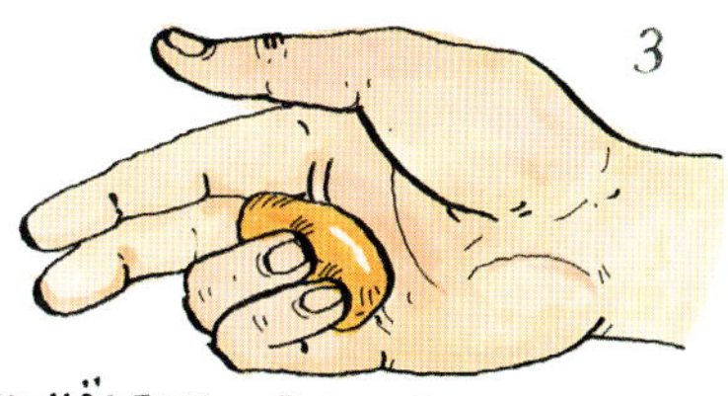

SO HÄLT MAN DEN GOLDKLUMPEN

Um diesen Trick noch interessanter zu machen, kannst du vielleicht zwischendurch die Geschichte von König Midas erzählen, unter dessen Händen alles zu Gold wurde. Gute Tipps für diesen Trick: Immer einen eng sitzenden Gürtel tragen, damit die Münze nicht durch ein Hosenbein oder durch den Rock auf den Boden fallen kann. Immer eine Münze bereit haben, falls der Zuschauer seine zurückverlangt!

DIE HOUDINI MÜNZE

Eine Münze wird mit Hilfe zweier Nägel und einer großen Vielzweckklemme, wie sie auch in Büros Verwendung findet, in einem Umschlag aus Karton eingesperrt – trotzdem gelingt es ihr zu entkommen – wie es der große Entfesselungskünstler Houdini getan hat.

Vorbereitung:
Du brauchst eine größere Münze – die du am besten von einem Zuschauer erbittest –, eine Postkarte, zwei Nägel von ca. 3 cm Länge und eine große Vielzweckklemme wie abgebildet. Du faltest die Postkarte in drei Teile und klebst sie zu einem flachen Umschlag zusammen, der oben und unten offen bleibt. Der Umschlag muss ca. 1,5 cm breiter sein als die Münze. Du machst zwei Löcher in den Umschlag – in der halben Höhe, jeweils eine Drittellänge vom Rand entfernt.

Vorführung:
Du zeigst den Zuschauern den Umschlag und die Münze und demonstrierst, dass die Münze auf jeden Fall durch den Umschlag durchfallen muss. Dann schiebst du die zwei Nägel durch die Löcher, die Spitzen in Richtung Publikum, lässt aber die Köpfe hinten ca. 0,5 cm hervorstehen. Du lässt die Münze wieder in den Umschlag fallen – diesmal bleibt sie stecken. Nun zeigst du, dass die Münze den Umschlag nur in der Richtung verlassen kann, in der sie hineingelangt ist. Dazu drehst du den Umschlag um, sodass die Münze auf den Tisch fällt.
Nun musst du sehr geschickt vorgehen. Du lässt die Münze scheinbar in den Umschlag zurückfallen, schiebst sie jedoch in Wirklichkeit hinter den Umschlag, wo sie zwischen den Nägeln hängenbleibt (Abb. 1). Du fasst den Umschlag bei A mit Daumen und Zeigefinger der rechten Hand, während die linke Hand den Umschlag für einen Augenblick loslässt (Abb. 2). Die Zuschauer sind überzeugt, dass sich die Münze im Innern des Umschlags befindet. Du erklärst nun, dass du verhindern möchtest, dass die Münze oben herauskommt und nimmst den Umschlag wieder in die linke Hand, wobei der Daumen jetzt die Münze festhält

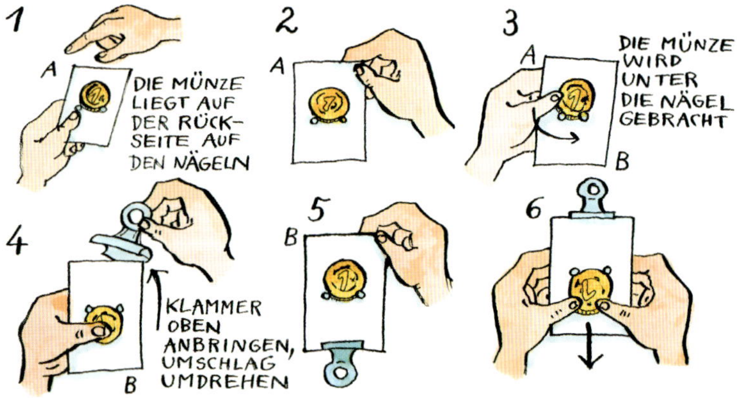

(Abb. 3). Mit der rechten Hand nimmst du die Vielzweckklemme, lässt gleichzeitig die Münze in die linke Hand gleiten und bringst sie zurück auf den Umschlag, diesmal allerdings unterhalb der Nägel (Abb. 4). Du befestigst die Vielzweckklemme oben am Umschlag, drehst den Umschlag um und hältst ihn bei B, um zu zeigen, dass die Münze nun oben nicht mehr heraus kann (Abb. 5). Sie wird in Wirklichkeit natürlich von den Nägeln gehalten. Du hältst nun die Münze mit dem linken Daumen fest und drehst den Umschlag mit der Vielzweckklemme nach oben. Die Münze hältst du jetzt mit beiden Daumen fest, wie es Abb. 6 zeigt. Nun bittest du die Zuschauer, gut Acht zu geben, und lässt die Münze auf den Tisch fallen. Für die Zuschauer sieht es so aus, als würde die Münze aus dem Umschlag fallen. Natürlich dürfen die Zuschauer nie die Rückseite des Umschlags zu Gesicht bekommen!

Das entzweigeschnittene Schuhband

Für diesen Trick brauchst du magische Kräfte!

Du lässt ein gewöhnliches Schuhband prüfen und von einem Zuschauer an beiden Enden halten. Er darf es selbst in der Mitte entzweischneiden, und dank deiner magischen Kräfte bist du imstande, das Band wieder zusammenzufügen.

1

Vorbereitung:
Als Vorbereitung benötigst du ein Stück Gummiband, ungefähr 20 cm lang, das du an einem Ende mit einer Sicherheitsnadel im Ärmelfutter befestigst (Abb. 1). An das andere Ende bindest du ein 20 cm langes Schuhband. Es muss die gleiche Farbe haben wie das zu zerschneidende Schuhband und, ans Gummiband gebunden, eine Schlinge bilden (Abb. 2).

Vorführung:
Die Schlinge hältst du verborgen in der linken Hand fest. Wenn der Zuschauer das Schuhband an beiden Enden hält, ergreifst du mit der rechten Hand dessen Mitte und legst es in deine linke Hand hinein (Abb. 3). Zugleich ziehst du die verborgene Schlinge aus der Faust heraus und lässt sie entzweischneiden (Abb. 4). Beim leichten Lockern der linken Faust verschwindet der entzweigeschnittene Teil mit dem Gummizug im Ärmel, die ganze Schnur bleibt unversehrt und kann geprüft werden.

2

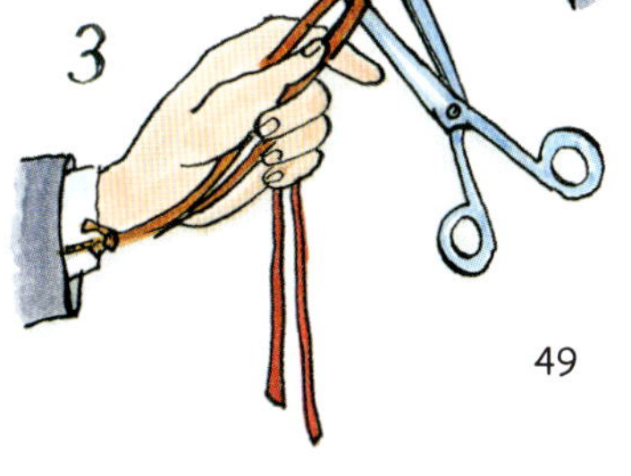
3

DAS MAGISCHE UNGLÜCK

Das folgende Kunststück klingt zwar ein wenig unheimlich, aber keine Angst, wenn du die Lösung kennst, wirst du es eher lustig finden und darüber lachen. Erzähle deinem Publikum eine Geschichte, die du angeblich erlebt hast:
Bei einem Verkehrsunfall verlor jemand einen Finger, den du heimlich in einer kleinen Schachtel mitgenommen hast. Öffne nun eine kleine Schachtel – die Zuschauer nehmen mit Entsetzen wahr, dass sie einen Finger aus Fleisch und Blut sehen und sogar angreifen können.

Vorbereitung:
Dieses lustige und einfache Kunststück hat selbstverständlich nichts mit einem Unfall zu tun. Du benötigst bloß eine Schachtel mit einem Deckel, die du selbst basteln kannst. Der Boden dieser Schachtel hat ein Loch, so groß, dass dein Mittelfinger durchpasst. In die Schachtel legst du etwas Watte, die du mit roter Tinte oder Farbe betupfst.

Vorführung:
Nimm die Schachtel aus deiner Tasche, und bevor du den Deckel öffnest, steckst du den Mittelfinger durch das Loch und legst ihn auf die »blutige« Watte. Wenn du jetzt den Deckel öffnest, erblicken die Zuschauer einen echten »abgetrennten« Finger.

Kunststücke mit dem Gordischen Knoten

1

Das Geheimnis des Gordischen Knotens besteht darin, dass zwei Enden von Tüchern so miteinander verbunden werden, dass sie mit einer Bewegung leicht gelöst werden können.

Sieh dir die Bilder auf den beiden Seiten an! Am besten ist, du nimmst zwei verschiedenfarbige Tücher zugleich in die Hand und übst diesen Knoten ein. Wenn es gut gelingt, kannst du die auf den nächsten Seiten beschriebenen Kunststücke damit vorführen.

2

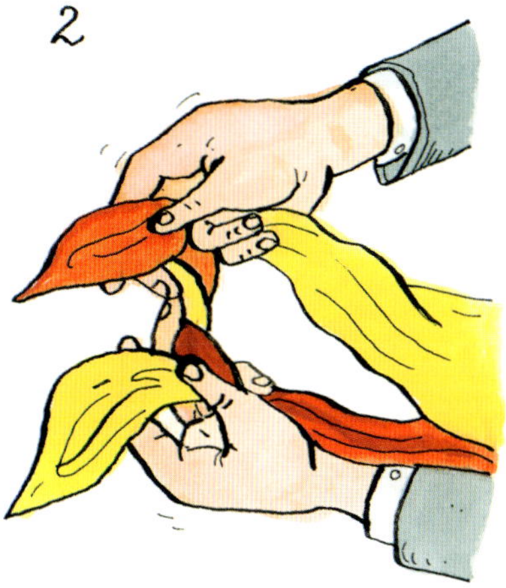

Du nimmst die beiden Zipfel über Kreuz, und zwar den linken auf den rechten Zipfel (Abb. 1), und machst einen einfachen Knoten (Abb. 2). Du legst den linken Zipfel auf den rechten und wiederholst den Knoten (Abb. 3).

3

4

Das Allerwichtigste dabei ist, dass der zweite Knoten nur leicht zugezogen wird (Abb. 4). Nun nimmst du den rechten Zipfel in die linke Hand und den linken Zipfel in die rechte Hand (Abb. 5).
Jetzt hältst du mit der linken Hand den linken Zipfel fest und ziehst mit der rechten Hand fest an dem langen Teil des dazugehörenden Tuches (Abb. 6).

5

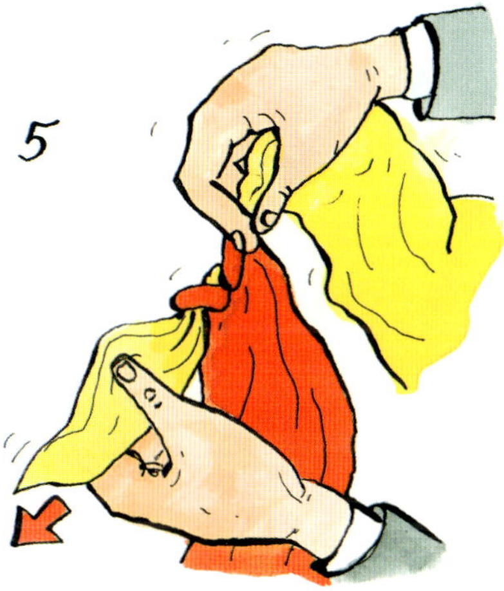

Nun kannst du mühelos, wenn du mit der linken Hand den Zipfel loslässt, mit der rechten Hand das Tuch aus dem Knoten ziehen. Die linke Hand hält inzwischen das andere Tuch.

6

Für die folgenden Kunststücke übe fleißig den Gordischen Knoten!

Tuch → ← Tuch Wanderung

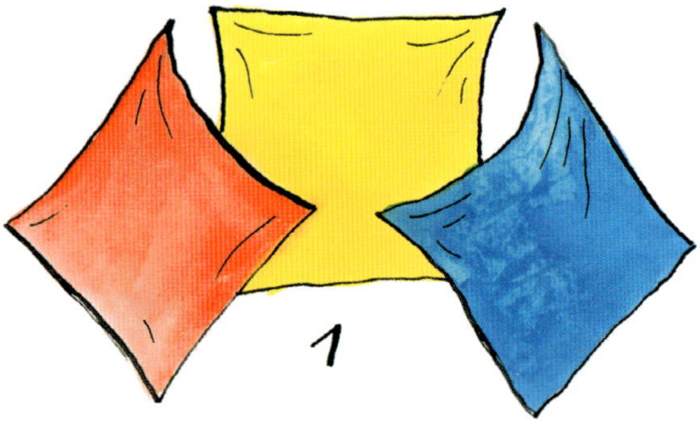
1

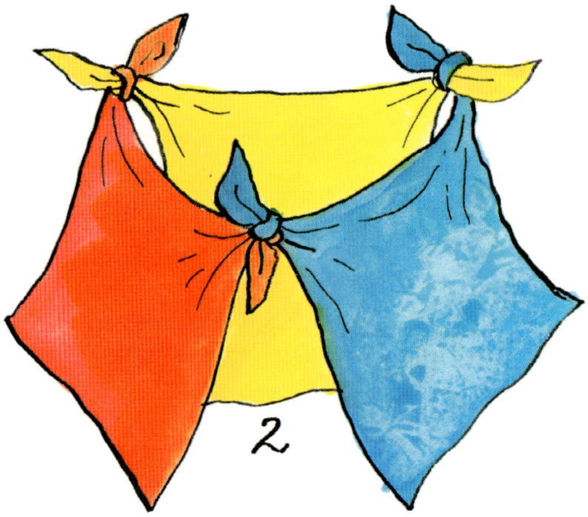
2

Ein Trick für die Meister des Gordischen Knotens.

Vorbereitung:
Du benötigst drei verschiedenfarbige Tücher (z.B. rot-gelb-blau), ungefähr 45 x 45 cm groß. (Abb. 1).

Binde die drei Tücher mittels des Gordischen Knotens so zusammen, dass das gelbe in der Mitte ist. Zusätzlich bindest du auf die gleiche Art die zwei seitlichen Tücher zusammen (Abb. 2) und verdeckst diesen Knoten mit dem mittleren Tuch (Abb. 3).

3

Vorführung:
Jetzt kannst du mit der Vorführung beginnen: Ein Zuschauer bestimmt nun, welches von den beiden äußeren Tüchern in die Mitte wandern soll. Nennt er die rote Farbe, löst du den Knoten zwischen blauem und gelbem Tuch; sagt er aber blau, löst du den Knoten zwischen gelbem und rotem Tuch. Dies geschieht alles, während du die Tücher auf den Tisch legst.

DAS BLITZTUCH

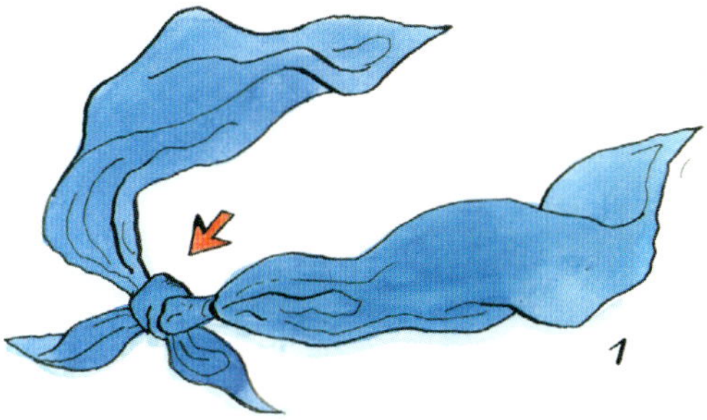

Zwischen zwei zusammengebundenen Tüchern erscheint unerwartet ein drittes.

Wieder werden mittels des Gordischen Knotens zwei Tücher verknotet (Abb. 1). Ein drittes Tuch legst du zusammen, indem du Spitze an Spitze legst – es entsteht ein Dreieck (Abb. 2). Dann rollst du das Dreieck zur Spitze hin ein (Abb. 3). Nun nimmst du einen Zipfel in die rechte Hand (Abb. 4) und rollst das Tuch um die Finger, dann steckst du den verbleibenden linken Zipfel in das Tuch hinein (Abb. 5).

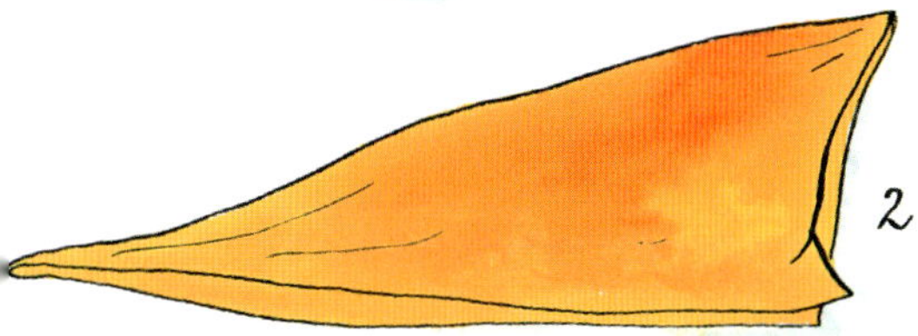

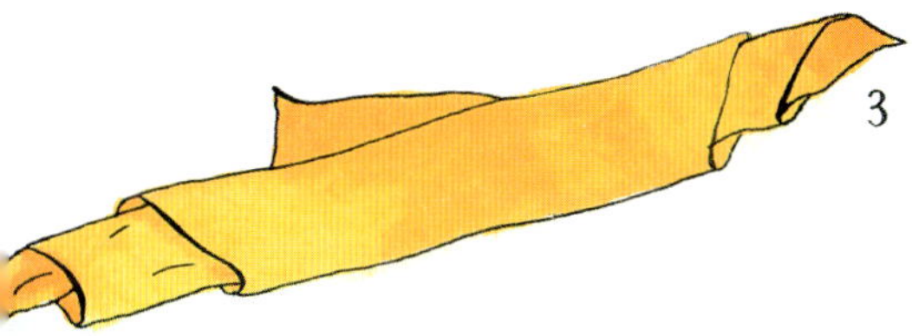

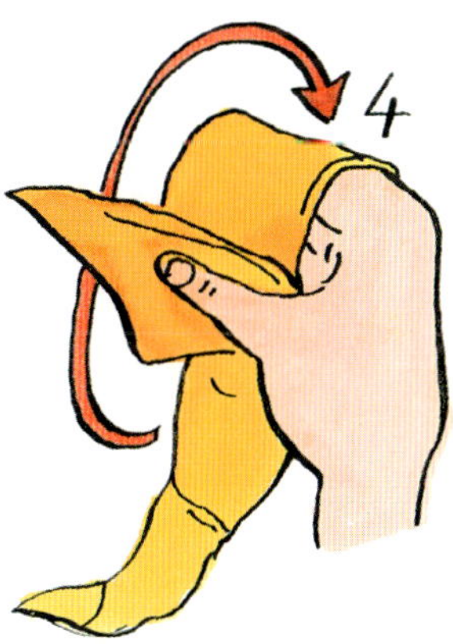

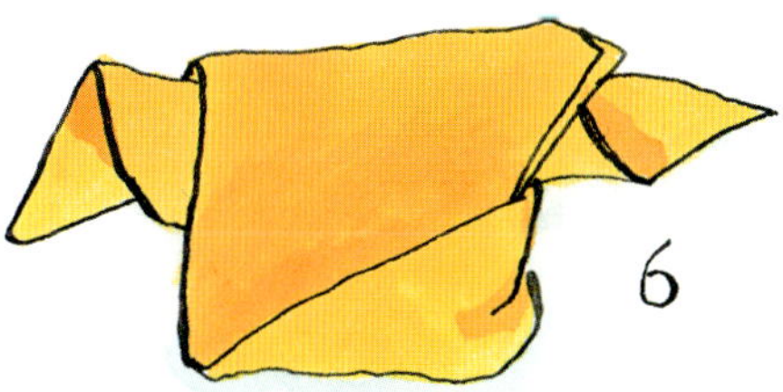

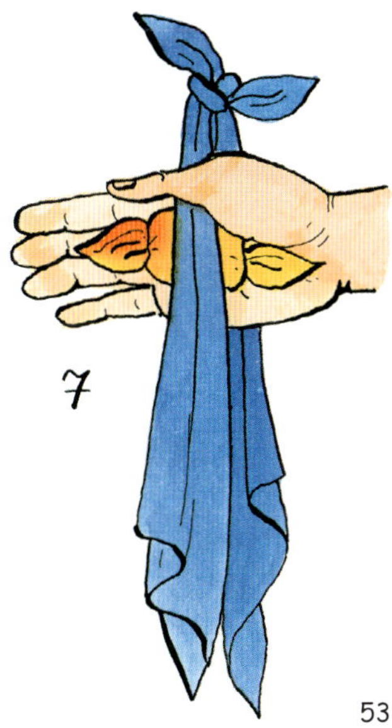

Dieses klein zusammengelegte Tuch mit zwei hervorstehenden Zipfeln hältst du in der rechten Hand (Abb. 6). Die mit dem Gordischen Knoten zusammengebundenen Tücher legst du über die rechte Hand (Abb. 7).

Du ergreifst mit der linken Hand das eine blaue Tuch und zugleich den linken Zipfel des orangen Tuches und mit der rechten Hand das andere blaue Tuch sowie den rechten Zipfel des orangen Tuches (Abb. 8).

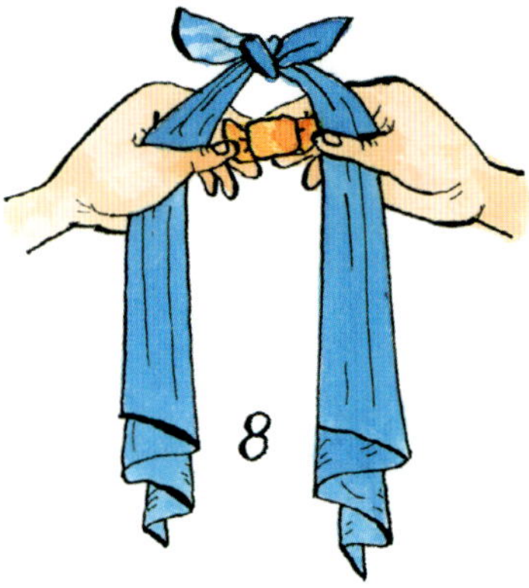
8

Dann ziehst du mit einer raschen Bewegung die Hände auseinander. Das orange Tuch ist zwischen den zwei blauen Tüchern erschienen (Abb. 9).

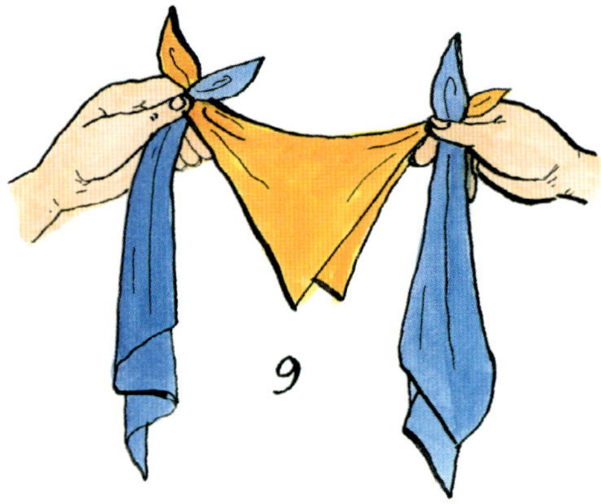
9

DAS KUNSTSTÜCK MIT 1 TUCH UND 1 RING

1

Auf ein Tuch wird ein Ring gezogen und das Tuch an beiden gegenüberliegenden Ecken zusammengebunden. Der Ring befreit sich, ohne dass der Knoten gelöst wird.

Vorbereitung:
Du bindest die beiden gegenüberliegenden Ecken zusammen (Abb. 1).

Vorführung:
Lege das Tuch auf den Tisch, ergreife die beiden anderen Ecken mit der rechten und linken Hand und spanne das Tuch (Abb. 2).

2

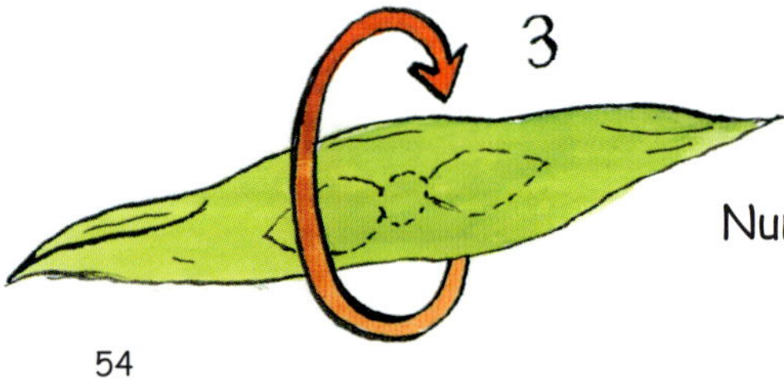
3

Nun rollst du den Knoten in das Tuch hinein (Abb. 3).

Du kannst von einem Zuschauer einen Ring ausborgen und auf das so vorbereitete Tuch ziehen (Abb. 4).

Binde die beiden frei liegenden Ecken mit einem Gordischen Knoten zusammen (Abb. 5). Mit beiden Händen ballst du das Tuch zusammen, und währenddessen löst du den Knoten.

Jetzt brauchst du bloß den Ring vom Tuch zu ziehen und das Tuch mit dem vorbereiteten Knoten ein wenig aufzulockern, sodass der Knoten sichtbar wird (Abb. 6). Du kannst das Tuch einem Zuschauer zur Kontrolle überreichen.

MAGISCHE GEDANKENWELLEN

Du verteilst unter deinen Zuschauern fünf gleiche Briefumschläge, in denen sich je fünf verschiedene Karten befinden. Jeder von ihnen soll sich aus seinem Umschlag eine Karte merken. Dann zeigst du fünf Kartontafeln, an welchen mit Kontaktkleber je fünf kleine Karten befestigt sind. Du hältst die Kartontafeln nacheinander hoch und fragst, ob sich die betreffende gemerkte Karte darunter befinde. Ist dies der Fall, soll der Zuschauer »ja« sagen, und du kannst ihm sogleich seine Karte nennen.

So gehst du bei allen fünf Zuschauern der Reihe nach vor.

Vorbereitung:
Wesentlich ist, dass du die Briefumschläge mit kleinen Geheimzeichen versiehst: z. B. an der Ecke von Umschlag 1 einen kleinen Punkt, von Umschlag 2 eine kaum sichtbare Linie, von Umschlag 3 Punkt und Linie, von Umschlag 4 eine Doppellinie und Umschlag 5 ohne Zeichen.

Vorführung:
Die nicht zugeklebten Umschläge verteilst du am besten an fünf nebeneinander sitzende Zuschauer. Das erleichtert dir, die Reihenfolge der Briefumschläge zu merken. Nun ist es spielend leicht, die vom Zuschauer gewählte Karte zu erraten. Du zeigst die einzelnen Kartonkarten der Reihe nach auf, und sobald ein Zuschauer dir zu erkennen gibt, dass sich seine Karte unter den gezeigten befindet, weißt du sofort, welche Karte sich der Zuschauer ausgewählt hat.

Wenn du alles genau gelesen hast, dann kennst du sofort die Lösung. Meldet sich z. B. beim

Hochheben von Karton 1 der Zuschauer mit dem Briefumschlag 3, dann weißt du, dass er Karo 10 gewählt hat; oder meldet sich beim Hochheben von Karton 3 der Zuschauer mit dem Briefumschlag 4, hat er die Karte Herz 10 gewählt.

Kartontafeln = K1, K2, K3, K4 und K5 - Umschläge = U1, U2, U3, U4 und U5

In den Umschlägen befinden sich:	Auf den Kartons befestigst du in dieser Reihenfolge: K1	K2	K3	K4	K5
U 1	Kreuz Dame	Herz König	Karo 7	Pik As	Karo 9
U 2	Kreuz 8	Karo As	Pik 9	Herz 7	Karo Bube
U 3	Karo 10	Herz Dame	Pik 7	Kreuz 9	Pik König
U 4	Karo 8	Pik Bube	Herz 10	Kreuz König	Kreuz 7
U 5	Kreuz As	Herz 9	Kreuz Bube	Karo König	Pik Dame

Eine Erleichterung, die richtige Karte zu erraten, wäre, den Briefumschlag vom Zuschauer zurückzuverlangen und mit magischen Gesten an die Stirn zu halten.

Dadurch hast du noch einmal die Möglichkeit, einen Blick auf das Geheimzeichen zu werfen, sodass alle Zweifel beseitigt werden.

PERLEN MELODIE

Du lässt von drei Bechern mit verschiedenfarbigen Perlen – z. B . rot, gelb, blau – zwei Farben von einem Zuschauer wählen. Diese schüttest du in einen Becher zusammen, vermischt sie und bringst sie hinter deinen Rücken. Ein Zauberspruch – und beide Farben sind wieder getrennt.

Vorbereitung:
Besorge dir drei durchsichtige Kunststoffbecher, Perlen zum Auffädeln (Holz oder Kunststoffperlen) und einen unsichtbaren Nähfaden aus Nylon. Fädle so viele Perlen von einer Farbe (z. B. gelb) auf einen Nylonfaden, dass die Kette um etwa 2 cm kürzer als der Becher hoch ist. Am besten wird sein, wenn du die erste Perle mit einem doppelten Knoten festbindest und dann die nächsten Perlen auffädelst, denn so rutscht der Faden nicht mehr heraus. Fertige 9 bis 10 solcher kurzen Ketten an. Zuletzt fasst du alle Fadenenden zusammen und machst mit allen gemeinsam einen Knoten. Dieser soll etwa 2 cm oberhalb der letzten Perle liegen. Zur Probe, ob es genug Perlen sind, lege diese aufgefädelten Perlen in einen Becher. Er soll etwas weniger als halb voll sein. Tu dies aber, bevor du die Fäden zusammengeknotet hast, denn sollten es zu wenig Perlen sein, kannst du noch beliebig viele Perlenreihen dazugeben. Es kommt selbstverständlich auf die Größe deiner Becher an. Nun nimmst du einen der Becher und durchlochst ihn zweimal am Boden, indem du eine dicke Näh oder Sicherheitsnadel an einer Kerze erwärmst und den Becher sogleich durchbohrst. Der Abstand der Löcher soll ungefähr 1 cm betragen.

Teile die Fadenenden in die Hälfte, schneide sie aber vorher gleich lang, so kannst du sie nun von der Innenseite des Bechers mit einer großen Nähnadel leicht durch die Löcher fädeln. Verknote die Enden ganz fest von außen, am besten dreifach, und schneide sie ab. In die beiden anderen Becher gibst du je eine Farbe der restlichen Perlen. So vorbereitet, kannst du mit der Vorführung beginnen.

Vorführung:
Fordere einen Zuschauer auf, zwei Farben zu bestimmen. Wählt er z. B. Rot und Blau, bleibt dir Gelb. Frage ihn, welche von den beiden ihm besser gefällt. Er antwortet z. B. »Rot«. Nun nimmst du den gelben Becher (aufgefädelte Perlen) in die linke Hand und schüttest die roten Perlen hinein. Halte den leeren Becher mit der Öffnung nach unten darauf und schüttle fest durch.

Die verschiedenfarbigen Perlen sind nun ganz durcheinander gemischt. Führe nun beide Becher hinter deinen Rücken. Wenn du so die Perlen in den leeren Becher zurückleerst, bleiben die aufgefädelten Perlen selbstverständlich im Becher hängen.
Hole beide Becher hervor, aber mit der Öffnung nach oben, und deine Zuschauer werden staunen, denn sie kennen ja nicht dein Geheimnis.
Sollte der Zuschauer aber Gelb und Rot oder Gelb und Blau wählen, nimmst du gleich diese beiden Becher zur Hand.
Immer die losen Perlen in die aufgefädelten schütten!

DER MAGISCHE KOMPASS

Im Reich der Magie benötigt man einen ganz besonderen Kompass, um sich zurechtzufinden. Ein weiser alter Zauberer hat ihn erfunden, und du kannst ihn leicht nachmachen.

Vorbereitung:
Du zeichnest ein Quadrat auf ein Stück Karton, darüber – diagonal verschoben – ein zweites (s. Abb.) und schneidest es entlang des Umrisses aus. Nun malst du, wie abgebildet, den Pfeil und die kleinen Zeichen auf die Vorderseite, nicht aber den gestrichelten Pfeil, der nur zeigen soll, in welcher Richtung der Pfeil auf der Rückseite zu zeichnen ist (nämlich in rechtem Winkel zur Vorderseite).

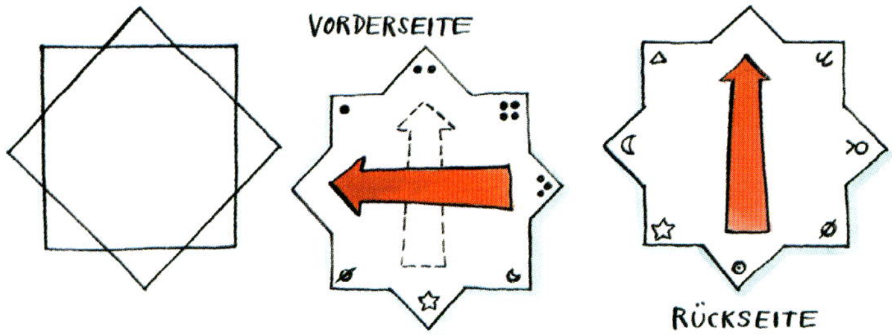

Besonders wichtig für das Funktionieren des Tricks sind die kleinen Punkte auf der Vorderseite. Auf der Rückseite lässt du sie weg, um eine Verwechslung der Seiten auszuschließen.

Nun übst du Schritt für Schritt mit dem Kompass in der Hand genau die Anleitung. Die Reihenfolge kannst du dir leicht merken, da sie der Zahl der Punkte entspricht.

Vorführung:

1. Du zeigst den Zuschauern den magischen Kompass und weist darauf hin, dass die beiden Pfeile in die gleiche Richtung zeigen. Dazu hältst du den Kompass zwischen Daumen und Zeigefinger der linken Hand. Die Ecke mit dem einzelnen Punkt wird vom Daumen gehalten (Abb. 1). Du drehst den Kompass mit dem rechten Zeigefinger zweimal herum – das Publikum sieht zwei Pfeile, die in die gleiche Richtung zeigen.

2. Es ist egal, ob die Pfeile nach oben oder unten schauen, sie zeigen immer in die gleiche Richtung. Zum Beweis hältst du den Kompass so, dass der linke Zeigefinger die Ecke mit dem einzelnen Punkt hält (Abb. 2) und drehst wieder mit dem rechten Zeigefinger.

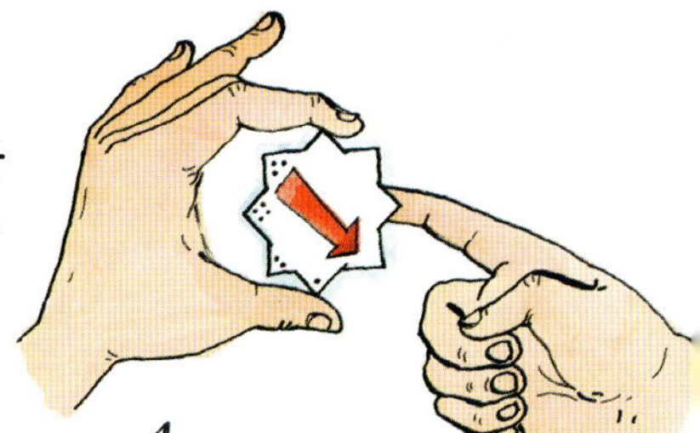

1

2

3. Nun hat dieser Kompass allerdings einen kleinen Nachteil. Will man nämlich nach Westen gehen, so muss man den Pfeil nach Norden richten und umgekehrt! Du drehst den Kompass so, dass der linke Zeigefinger die Ecke mit zwei Punkten hält. Der Pfeil muss nach links schauen – dort ist Westen. Du drehst den Kompass auf die Rückseite – der Pfeil wird nach Norden schauen. Du drehst den Kompass wieder herum, sodass der Pfeil nach links schaut (Abb. 3).

4. Leider gilt das auch für Süden und Osten! Diesmal hält der linke Zeigefinger die Ecke mit drei Punkten, der Pfeil zeigt zum Vorführenden. Du drehst wieder zweimal herum.

5. Der große Vorteil aber ist, dass dieser Kompass nicht nur zeigt, in welche Richtung man gehen muss, sondern auch, wie man wieder zurückkommt! Der Zeigefinger hält die Ecke mit vier Punkten. Wenn du den Kompass herumdrehst, zeigt der Pfeil auf der Rückseite genau in die andere Richtung!

3

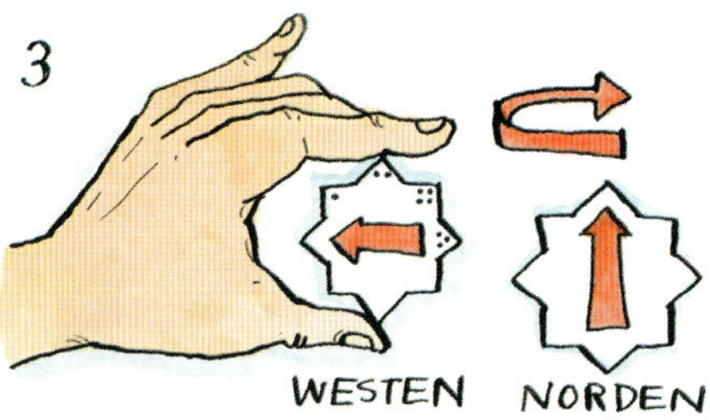

Die springende Münze

Für diesen Trick, der etwas Fingerfertigkeit voraussetzt, benötigt man nur vier kleine gleich aussehende Münzen (am besten 10 Cent Münzen).

Die vier Münzen liegen auf dem Tisch. Du nimmst in jede Hand eine Münze, schließt beide Hände zu einer Faust und legst sie mit dem Handrücken nach unten auf den Tisch. Du bittest einen Zuschauer, die anderen zwei Münzen auf die Finger zu legen, wie es Abb. 1 zeigt.

Du machst eine rasche Bewegung mit den Händen, sodass die Münzen hinunterfallen. Du entschuldigst dich, dass der Trick nicht immer beim ersten Mal gelingt und bittest den Zuschauer, die Münzen nochmals auf die Finger zu legen. Du bewegst wieder die Hände, holst aber diesmal mit beiden Daumen die oben liegenden Münzen in die jeweilige Faust. Du öffnest die Finger, und zur Verblüffung des Publikums befindet sich in einer Hand nur eine Münze, die anderen drei finden sich in der anderen Hand!

Vorführung:
Und so geht der Trick: Der springende Punkt ist hier ganz zu Anfang. Wenn du das erste Mal die Hände bewegst, scheinen die oben liegenden Münzen hinunterzufallen – in Wirklichkeit jedoch holt der linke Daumen die auf der linken Hand liegende Münze rasch in die Faust. Gleichzeitig schüttelt die rechte Hand die oben liegende Münze ab und lässt die Münze, die sich in der Faust befindet, herausfallen (Abb. 2). Die Zuschauer dürfen davon natürlich nichts merken. Das erreichst du, indem du die Hände gleichzeitig schüttelst und leicht aufeinander zu bewegst. Die Zuschauer werden keinen Verdacht schöpfen und annehmen, die beiden oben liegenden Münzen seien heruntergefallen. Wenn beim zweiten Versuch die Münzen wieder auf den Fingern liegen, bewegst du die Hände in der gleichen Weise und holst mit beiden Daumen die sichtbaren Münzen in die jeweilige Faust. Mit einem Abrakadabra öffnest du die Hände – in der rechten Hand befindet sich nur eine Münze, die zweite ist auf geheimnisvolle Art und Weise in die linke Faust gesprungen!

1

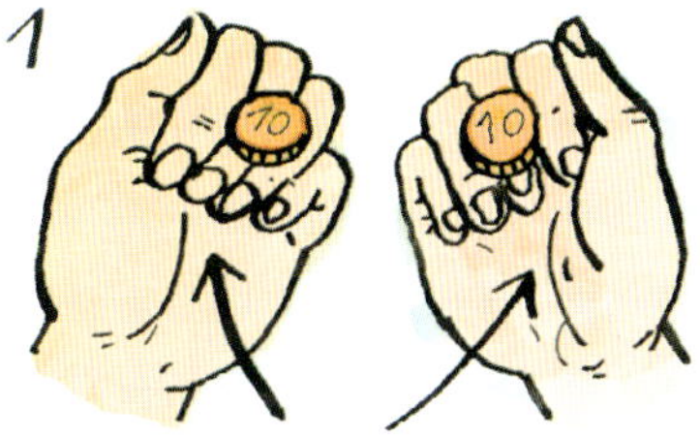

2

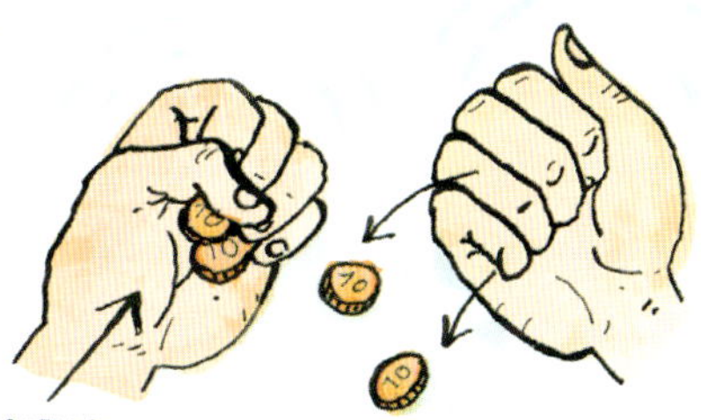

DIE SICH HERAUSDREHENDE KARTE

Dieses Kunststück wird deine Zuseher begeistern!

Du lässt einen Zuseher aus einem Kartenpäckchen, das mit je zwei bleistiftdicken Löchern versehen ist, eine Karte ziehen. Nachdem diese Karte wieder in das Päckchen gemischt wurde, erfolgt das Geheimnisvolle: Du steckst in eines der beiden Löcher einen Bleistift, und die gewählte Karte spaziert auf zauberhafte Weise als Einzige aus dem Paket.

Vorbereitung:
Das Kartenpaket weist zwei verschieden große Löcher auf.
Das eine ist so groß wie ein Bleistift, das andere etwas größer.

Vorführung:
Während der Zuschauer die Karte betrachtet, drehst du das Päckchen unbemerkt um. Nachdem die Karte wieder in das Paket gemischt wurde, steckst du den Bleistift durch die größeren Löcher, wodurch die eine verkehrt liegende Karte am Bleistift festsitzt. Wenn du nun den Bleistift drehst, dreht sich damit die Karte aus dem Paket nach außen.

MAGISCHE VORAUSSAGE

Ein einfacher Trick mit großem Effekt!

Auf einem Kartonstreifen befinden sich in einer Reihe untereinander acht kleine Spielkarten. Zwei Zuschauer dürfen je eine Karte bestimmen, diese markierst du mit kleinen Wäscheklammern. Wenn du die Kartentafeln von der Rückseite zeigst, haben gerade diese beiden Karten unter der Wäscheklammer einen Farbpunkt. Alle anderen sind leer.

Du benötigst:
8 kleine Spielkarten 5,5 x 3,8 cm
1 festen Karton
2 verschiedenfarbige Klebefolien (z.B. rot und gelb)
3 kleine Wäscheklammern, 4,5 cm lang

Vorbereitung:

Schneide aus dem Karton ein Stück in der Größe 35 x 5 ,7 cm aus. Klebe die gelbe Folie auf beide Seiten. Auf einer Seite klebe die Karten quer untereinander auf die Tafel. Oben bleiben ca. 3 cm übrig; dort ist Platz für die drei Wäscheklammern. Für die Rückseite schneide dir aus der roten Klebefolie Stücke zu, die etwas kleiner als die Karten sind (rundherum ca. 3 mm), und klebe sie auf die Rückseite. Kennzeichne dir die Stellung der Kartenrückseiten mit Hilfe einer Stecknadel. Du stichst von der Vorderseite an allen vier Ecken der Spielkarte durch den Karton durch. Schneide aus der gelben Folie drei Kreise im Durchmesser von 3 cm aus. Es wäre gut, wenn du die Folie für die Punkte vorher doppelt übereinander klebst, damit sie etwas stärker sind. Einen Punkt klebst du auf die Rückseite der Tafel hinter die unterste Karte. Dieser bleibt immer darauf. Zwei Punkte klebst du auf die Außenseite der Spitzen der Wäscheklammern und klammerst die beiden vorbereiteten und die leere auf das obere freie Feld der Tafel, so dass sich die Punkte auf der Rückseite der Karte (siehe Abb. rechts) befinden.

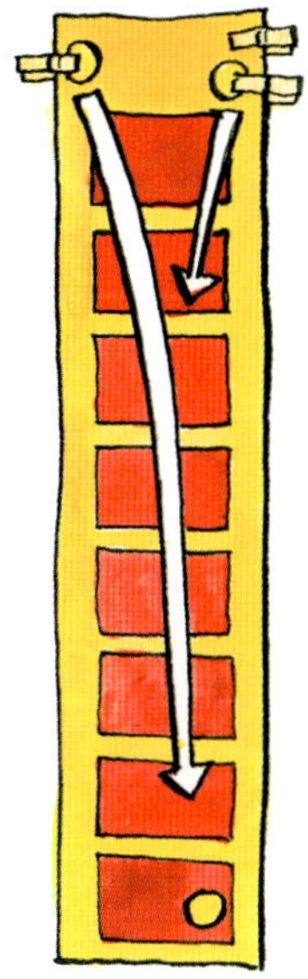

Vorführung:

Zu Beginn der Vorführung nimmst du zuerst die Klammer ohne Punkt kurz ab. So sehen die Zuschauer, dass sie leer ist, und kommen bei den nächsten beiden gar nicht auf die Idee, dass diese Punkte schon vorher auf den Klammern gewesen sein könnten. Deshalb brauchst du ja den einen fixierten Punkt ganz unten. Jetzt sagst du zu einem Zuschauer, während du mit der Klammer an der Tafel entlangfährst, dass er eine Karte bestimmen könne. Du fährst ziemlich schnell den Kartenstreifen entlang und bist am Ende der Erklärung bei der untersten Karte angelangt. Du heftest die Klammer dort fest. Nun ergreifst du mit der linken Hand die nächste Klammer. Jetzt kannst du sie natürlich nicht mehr vorher abnehmen, sonst würden ja die Zuschauer den Punkt bemerken, sondern du fährst ganz langsam am linken Rand entlang nach unten, bis der Zuschauer »Halt!« sagt. Während du mit dem rechten Daumen den Punkt von der Klammer auf die Karte drückst, ziehst du diese kurz nach links weg (der Zuschauer sieht nur die leere Klammer) und steckst sie wieder auf die gewählte Karte und den Punkt zurück; der Punkt befindet sich nun unter der Klammer. Das gleiche machst du mit der nächsten Klammer mit einem zweiten Zuschauer, selbstverständlich mit der anderen Hand. Nun erklärst du, dass du freilich schon vorher gewusst hast, welche Karten die Zuschauer wählen werden, und du hättest dir schon zuvor diese Karten gekennzeichnet. Dreh die Tafel um, zum Beweis sehen die Zuschauer genau unter ihren gewählten Karten die Punkte. Wenn du noch eine dritte Folienfarbe hast, kannst du die drei Punkte verschiedenfarbig machen und Wäscheklammern in den dazu passenden Farben verwenden. Das wirkt noch besser.

Der befreite Ring

Hier zeige ich dir einen Trick, für den du nichts weiter brauchst als eine Schnur, einen Ring und einen Bleistift. Dieser Trick ist sehr wirkungsvoll, erfordert aber viel Übung, denn alle Bewegungen müssen so beiläufig wie möglich und vor allem in der richtigen Reihenfolge ausgeführt werden. Wenn du keinen Partner hast, der die Schnur halten kann, kannst du den Trick üben, indem du die Schnur mit den großen Zehen hältst.

Vorführung:

Du knüpfst eine weiche Schnur von 130 cm Länge zu einem Kreis zusammen, ziehst den Ring über beide Schnurhälften, und bittest einen Zuschauer, die Schnur über seine beiden Daumen zu legen (Abb. 1).

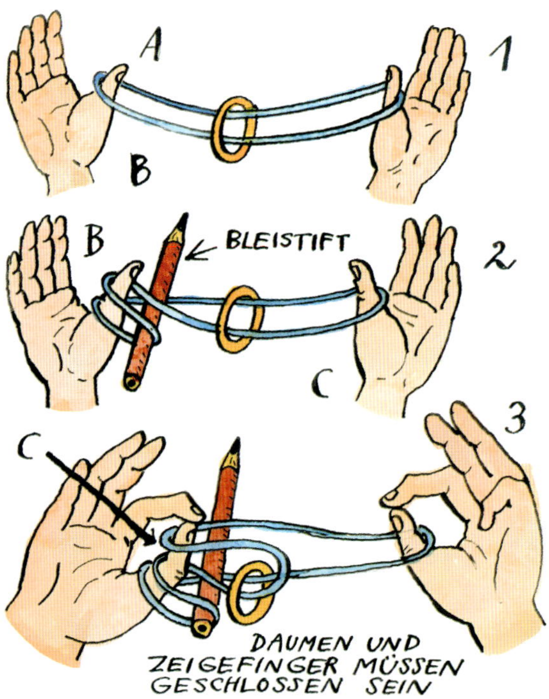

Du legst den Bleistift bei A über beide Schnurhälften und hältst ihn fest, während du die vordere Schnurhälfte bei B nimmst und über den rechten Daumen des Zuschauers legst (Abb. 2).

Nun fasst du dieselbe Schnurhälfte bei C und legst eine weitere Schlinge über den rechten Daumen des Zuschauers.
Du bittest ihn, Daumen und Zeigefinger beider Hände zu schließen (Abb. 3).

Du erklärst nun dem Publikum, dass es sicher nicht möglich sei, den Ring zu befreien, ohne die Schnur durchzuschneiden, denn alle Schlingen seien ja durch Daumen und Zeigefinger des Zuschauers festgehalten. Dann fasst du den Ring mit der rechten Hand, ziehst mit der linken Hand den Bleistift heraus und bewegst ihn kurz über dem Ring. Die Schlingen sind verschwunden, der Zuschauer hält die intakte Schnur noch immer zwischen geschlossenen Daumen und Zeigefingern – der Ring aber ist frei.

AUS ZWEI MACH EINS

Dieser Trick beruht auf einer optischen Täuschung. Es wird mit einem Gummiband gearbeitet, die Zuschauer glauben, zwei Bänder zu sehen.

Vorführung:

Du formst aus einem dünnen Gummiband eine Achterschlinge, die du mit Daumen und Zeigefingern hältst, wie Abb. 1 zeigt. Nun schließt du Daumen und Zeigefinger der linken Hand (Abb. 2). Als nächstes schließt du rasch die Finger der rechten Hand, im gleichen Augenblick öffnest du die Finger der linken Hand (Abb. 3).

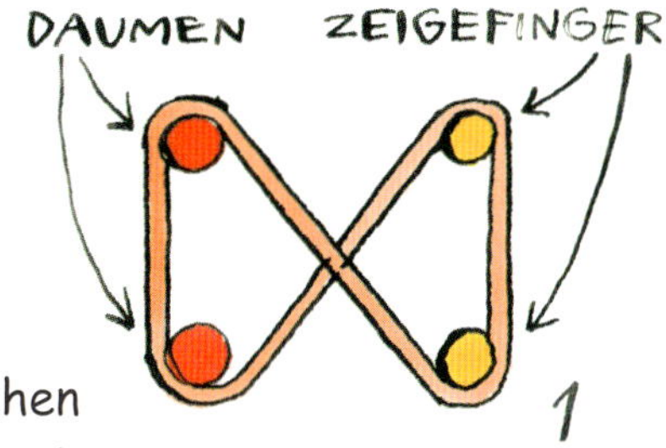

1

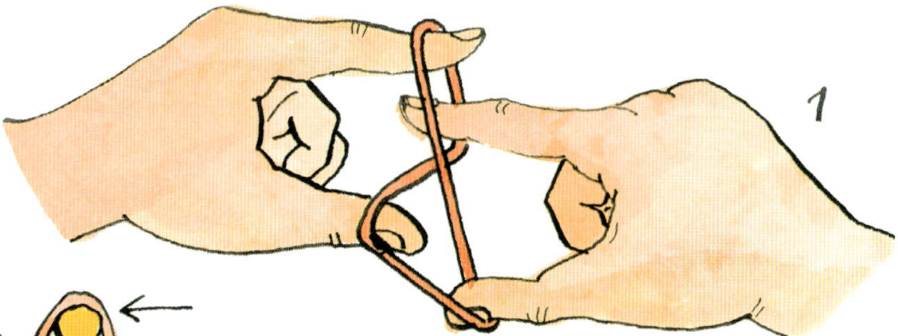

1

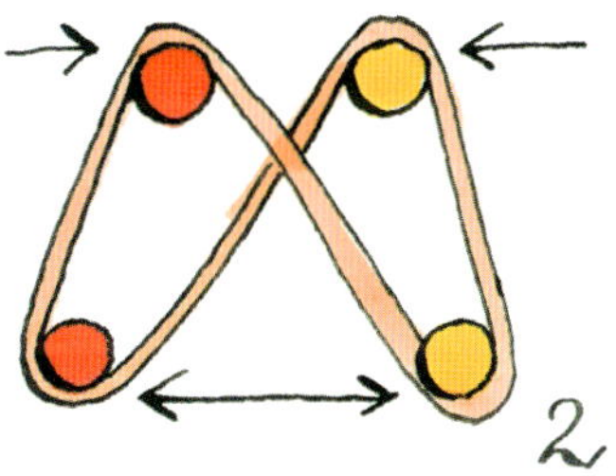

2

Wenn du diese Bewegung der Finger sehr rasch ausführst, werden die Zuschauer zwei Gummibänder sehen. Bevor die Zuschauer überhaupt Zeit haben nachzudenken, streifst du das Gummiband von den Fingern, knüllst es zwischen den Handflächen zusammen und reibst es fest.

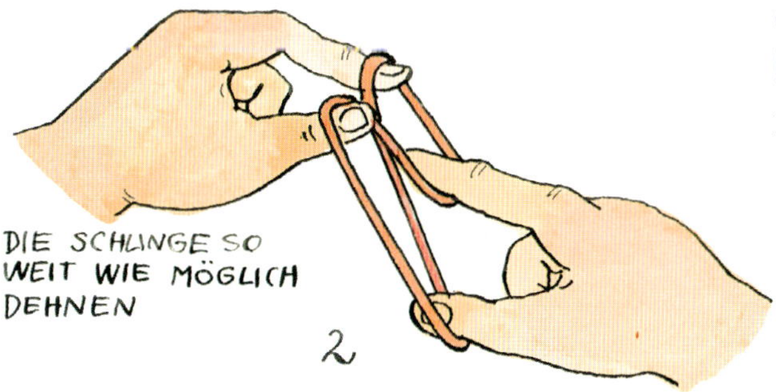

2

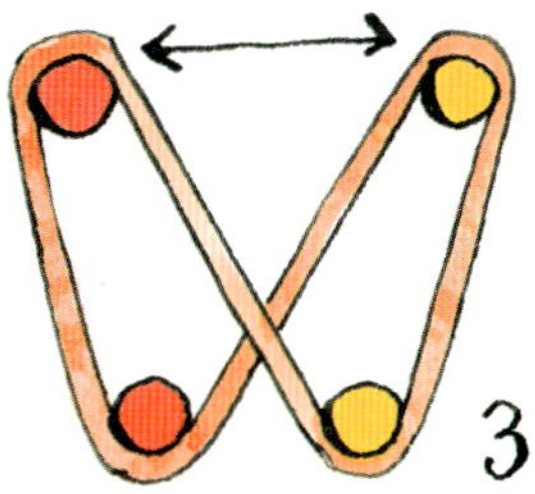

3

Dazu erklärst du den Zuschauern, nun werde der Gummi schmelzen und aus zwei Bändern würde eins. Zum Beweis präsentierst du das vermeintlich zusammengewachsene Gummiband.

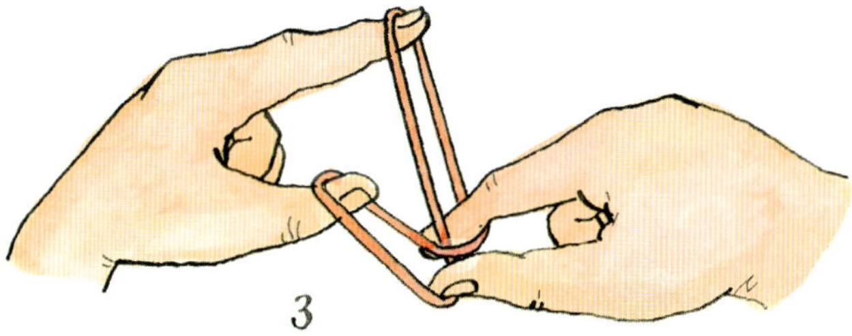

3

DER BECHER und der BALLTRICK

Dies ist einer der ältesten Zaubertricks (schon die alten Römer kannten ihn), aber er ist heute so beliebt wie eh und je. Es gibt viele verschiedene Versionen dieses Tricks, die zum Teil große Fingerfertigkeit erfordern; die folgende Version ist ganz einfach, wenn du Schritt für Schritt vorgehst.

Vorbereitung:

Du benötigst drei Papier oder Plastikbecher, vier wollene Pompons und einen Zauberstab. Du stapelst die Becher aufeinander, wie Abb. 1 zeigt, wobei drei Pompons im obersten Becher liegen, während der vierte im mittleren Becher versteckt ist.

1

Vorführung:

Du nimmst die drei Becher in die linke Hand und kippst die drei Pompons auf den Tisch. Dann hältst du die Becher mit der Öffnung nach oben, wobei du den untersten Becher mit der rechten Hand fasst (Abb. 2). Der Daumen schaut dabei in Richtung Zuschauer, die anderen Finger sind etwas gekrümmt und schauen in Richtung des Vorführenden. Diese Haltung ist sehr wichtig. Du ziehst den Becher nach unten – die Öffnung zu dir – und in einer kontinuierlichen Bewegung stellst du den Becher mit der Öffnung nach unten links auf dem Tisch ab (Abb. 3). Das ist die **Grundbewegung**, die immer wieder vorkommt und die gut geübt werden muss. Du wiederholst die Grundbewegung mit dem zweiten Becher, den du in der Mitte abstellst. In diesem Becher steckt natürlich der vierte Pompon, wenn du die Bewegung aber richtig ausführst, fällt der Pompon nicht heraus, und da die Zuschauer nie die Öffnung des Bechers sehen, wissen sie nichts von einem vierten Pompon.

2

3

Du drehst den letzten Becher um und stellst ihn rechts neben die beiden anderen. Abb. 4 zeigt, wie Becher und Pompons nun verteilt sind – der vierte Pompon ist unter dem mittleren Becher versteckt. Du legst nun einen der drei sichtbaren Pompons vor jeden Becher und bittest die Zuschauer gut achtzugeben. Du nimmst einen der Pompons und legst ihn auf den mittleren Becher. Dann nimmst du die beiden anderen Becher auf und setzt sie auf den mittleren, womit der Pompon verdeckt ist. Du berührst die Becher mit dem Zauberstab und hebst alle Becher auf. Die Zuschauer sehen den vierten Pompon und müssen glauben, er sei durch

4

5

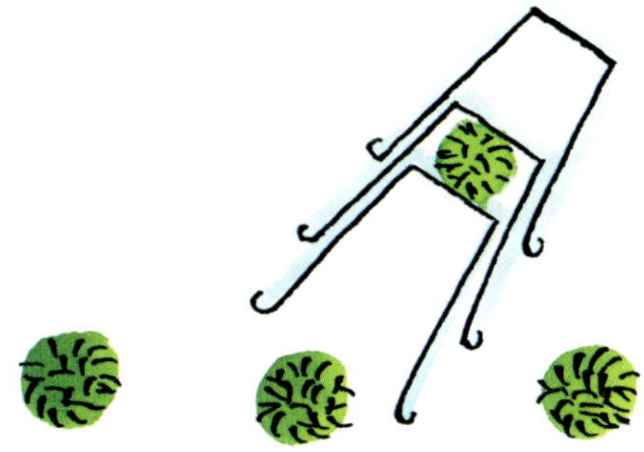

den Becher hindurchgewandert! In Wirklichkeit befindet sich im mittleren Becher wieder ein geheimer Pompon (Abb. 5). Du nimmst die Becher in die linke Hand – die Öffnung nach oben – und beginnst wieder mit der Grundbewegung. Du stellst die drei Becher wie zuvor auf den Tisch, wobei du den mittleren Becher auf den eben herbeigezauberten Pompon stellst. Damit befinden sich unter diesem Becher zwei Pompons, die zwei anderen liegen auf dem Tisch. Du legst nun wieder einen Pompon auf den mittleren Becher und steckst die beiden anderen Becher darauf (Abb. 6). Du schlägst zweimal mit dem Zauberstab auf die Becher und hebst sie auf, um zu zeigen, dass auch der zweite Pompon durch den Becher hindurchgewandert ist.

6

Du beginnst wieder mit der Grundbewegung. Diesmal wird der mittlere Becher auf die zwei herbeigezauberten Pompons gestellt, der letzte Pompon wird obenauf gelegt, die beiden Becher darübergestülpt. Du klopfst dreimal mit dem Zauberstab und zeigst dem Publikum die drei Pompons. Damit bist du beim ersten Höhepunkt dieses Tricks angelangt und machst eine kleine Pause – das Publikum wird mit Applaus nicht sparen!

Es geht aber noch weiter:

Du beginnst wieder mit der Grundbewegung, stellst aber diesmal den ersten Becher links ab, den zweiten Becher rechts und den dritten Becher in der Mitte, ohne die Pompons zu verdecken. Somit ist der vierte Pompon unter dem rechten Becher versteckt. Du erklärst dem Publikum, dass du nun etwas ganz Neues machen wirst. Du nimmst einen der Pompons und legst ihn auf den linken Becher. Darüber stülpst du den mittleren Becher. Du klopfst mit dem Zauberstab auf die beiden Becher, während du erklärst, dass der Pompon nun durch den Becher hindurchwandern werde und schließlich unter dem rechten Becher auftauchen werde. Du hebst die beiden Becher auf, um zu zeigen, dass sich nichts darunter befindet – dann hebst du den rechten Becher auf, tatsächlich, da ist er ja! Zum Schluss stülpst du den einzelnen Becher auf die beiden anderen, lässt die drei sichtbaren Pompons in den obersten fallen und räumst alles beiseite.

DAS Kunststück mit DEN Farbkarten

Du zeigst deinem Publikum fünf verschiedenfarbige Karten aus Karton (z. B. weiß/rot/blau/grün/gelb), dann lässt du dir von einem Zuschauer mit einem Tuch die Augen verbinden. Obwohl du nicht sehen kannst, bist du imstande, die Farben der vorher vermischten Karten zu nennen.

Vorbereitung:

Wenn du die Zeichnungen betrachtest, erkennst du, dass die Karten um die Löcher mit Papierringen verstärkt sind. Die Lösung liegt bei den Ringen. Auf der roten Karte sind die Papierringe beidseitig ganz mit Schnellkleber festgeklebt. Auf der weißen sind die oberen Ränder lose, auf der blauen die linken und auf der grünen die unteren Ränder, auf der gelben die rechten Ränder. Du kannst die Markierungen auch nach deinen eigenen Wünschen gestalten; du brauchst dir nur die Reihenfolge zu merken.

Vorführung:

Bei der Vorführung zeigst du die fünf Karten deinem Publikum. Ein Freiwilliger verbindet deine Augen mit einem undurchsichtigen Tuch und mischt die Karten. Du bekommst die Karten in deine Hände gelegt und jetzt kannst du mit Hilfe deines Fingernagels die entsprechende Stelle an den Papierringen feststellen und so die richtige Farbe nennen.

Das geheimnisvolle Kartenrätsel

Ein verblüffender Kartentrick!

Ein Kartenspiel mit 32 Blatt wird auf vier gleiche Päckchen mit dem Bild nach unten auf dem Tisch geteilt (je acht Karten). Nun bittest du vier Zuseher aus deinem Publikum, sie mögen je eine Karte jeweils aus der Mitte der Päckchen herausnehmen, sich diese Karte merken und auf die Päckchen verteilt wieder zurückgeben. Es darf nur eine Karte genommen bzw. obenauf gelegt werden. Diese Päckchen werden nun in beliebiger Reihenfolge aufeinander gelegt und können mehrmals an beliebiger Stelle abgehoben werden. Du übernimmst nun das Kartenspiel mit seinen 32 Blatt, und nach Durchblättern aller Karten kannst du die vier gewählten im Nu auf den Tisch werfen.

Vorbereitung:
Der Lösung dieses Kunststückes liegt ein neuer origineller Gedanke zugrunde: acht Schlüsselkarten, z. B. acht rote Herzkarten, werden vor der Vorführung so gelegt, dass sich oben und unten je vier befinden. Das so vorbereitete und mit dem Rücken nach oben liegende Paket wird zu vier Einzelpäckchen so verteilt, daß vier Karten nebeneinander gelegt werden: die fünfte auf die erste, die sechste auf die zweite, die siebente auf die dritte, die achte auf die vierte, die neunte auf die erste und fünfte usw., bis alle abgelegt sind. Dadurch hast du erreicht, dass jeweils die oberste und unterste Karte eine Herzkarte ist.

Vorführung:
Vier Zuschauer können aus den einzelnen Päckchen je eine Karte auswählen. Diese werden nun auf die vier Päckchen gelegt und in beliebiger Reihenfolge zu einem Paket zusammengefügt. Du kannst das Paket mehrmals abheben lassen. Jetzt nimmst du es, blätterst die Karten mit der Bildseite durch, die gewählten vier Karten befinden sich immer zwischen zwei Herz-Karten.

Das Kartenmysterium

Der folgende Kartentrick ist einer der schönsten und hat zusätzlich den Vorteil, dass er nach wenig Vorbereitung vorgeführt werden kann.

1

Du zählst zehn Karten auf einen Teller und gibst diesen einem Zuseher zum Halten. Auf einen zweiten Teller zählst du ebenfalls zehn Karten, von denen sich ein zweiter Zuseher drei merken oder aufschreiben kann.
Diese zehn Karten gibst du in einen Briefumschlag und steckst ihn in die Jackeninnentasche. Jetzt murmelst du einen Zauberspruch, worauf die drei bewussten Karten aus dem Briefumschlag verschwinden und sich zu den Karten auf dem Teller gesellen.

Vorbereitung:
2 Teller
1 Päckchen Karten
10 weitere Karten, die bereits im Päckchen vorhanden sind (die Rückseiten der Karten müssen völlig gleich sein!)
2 gleiche Briefumschläge
Als Vorbereitung (Abb. 1) suchst du dir 2 x 10 gleiche Karten heraus, dann entnimmst du dem Paket sieben weitere Karten. Diese sieben Karten steckst du in einen Briefumschlag, klebst ihn zu und gibst ihn in die Jackeninnentasche (Abb.2). Du entnimmst dem Paket jetzt drei weitere Karten und legst diese zwischen die beiden Teller (Abb. 3) . Nun legst du die 2 x 10 Karten auf das verbliebene Kartenpaket.

2

Vorführung:
Die Zuschauer wissen von diesen Vorbereitungen selbstverständlich nichts.
Du trittst mit den beiden Tellern in der Hand vor dein Publikum und zählst die obersten zehn Karten vom Paket auf den oberen leeren Teller. Mit einer etwas rascheren Bewegung leerst du die zehn Karten auf den unteren Teller, so dass dort jetzt 13 Karten liegen (Abb. 4). Dieser Teller mit den Karten wird auf den Tisch gestellt, so dass ihn jedermann sehen kann.

Du zählst weitere zehn Karten – die oberen des Päckchens – auf den leeren Teller, von denen sich ein Zuseher drei merken oder aufschreiben kann. Diese zehn Karten gibst du nun in einen Briefumschlag, klebst diesen zu und steckst ihn vor den Zusehern in dieselbe Jackeninnentasche. Nach einem Simsalabim holst du den Umschlag mit den sieben Karten heraus. Nach Vorzählen (nicht Vorzeigen!) der sieben Karten wird dein Publikum feststellen, dass davon die drei betreffenden fehlen. Du deutest nun auf den Teller am Tisch und lässt die Karten zählen. Zum Staunen deines Publikums sind es dreizehn statt zehn, und die drei Karten, so entdeckt der Zuseher, sind die Gleichen, die er sich gedacht oder aufgeschrieben hat.

DIE VERMEHRUNG DER STROHHALME

Zu diesem Trick könntest du vielleicht die folgende Geschichte erzählen:

Ich kannte einmal einen Zauberer, der zeigte mir einen Trick, bei dem er zählte: Eins, zwei, drei, vier, fünf, sechs Strohhalme, dann warf er einen weg, dann noch einen – und er hatte immer noch eins, zwei, drei, vier, fünf, sechs Strohhalme.

Ich fragte ihn, wie denn der Trick ginge, bei dem er zählte: eins, zwei, drei, vier, fünf, sechs Strohhalme, dann einen wegwarf, dann noch einen – und noch immer eins, zwei, drei, vier, fünf, sechs Strohhalme hatte. Er sagte, das sei ganz einfach. Man müsse nur zählen: eins, zwei, drei, vier, fünf, sechs Strohhalme, einen wegwerfen, dann noch einen – und man habe noch immer eins, zwei, drei, vier, fünf, sechs Strohhalme. Zu Hause angekommen, zählte ich meine Strohhalme sehr genau: eins, zwei, drei, vier, fünf, sechs Strohhalme, warf einen weg, dann noch einen – und dann hatte ich eins, zwei, drei, vier – ach zu dumm, jetzt kann ich den Trick gar nicht zeigen.

Vorbereitung:
Du benötigst 12 Plastikhalme der gleichen Farbe. Sechs davon schlitzt du mit einer Schere ganz auf. Du drückst sie zusammen, sodass sie in je einen ganzen Halm passen, lässt aber ca. 1 cm herausstehen. Du brauchst nur noch ein Glas, dann kann der Trick beginnen.

Vorführung:
Du hältst die Strohhalme in einem Bündel und zählst sie von einer Hand in die andere, während du die Geschichte erzählst. Die Zuschauer müssen sehen können, dass sechs einzelne Strohhalme vorhanden sind. Bei den Worten: »Dann warf er einen weg, dann noch einen«, nimmst du die Halme wieder zu einem Bündel zusammen, ziehst zwei der geschlitzten Halme hervor und stellst sie in das Glas. Du hast also noch immer sechs Halme in der Hand, und die Geschichte kann weitergehen – bis zum Ende, wenn wirklich nur mehr vier Halme übrig bleiben.

DAS ZERSCHNITTENE BAND

Ein dünnes Band wird durch den Boden zweier Papierbecher gezogen und durchgeschnitten. Wenn man die Becher auseinander zieht, ist das Band wieder ganz!

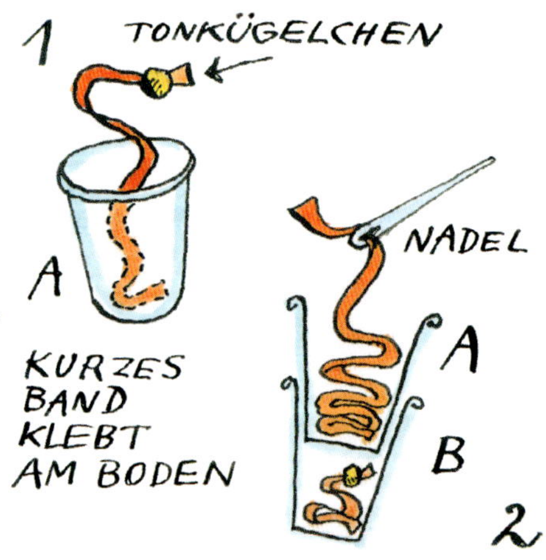

Vorbereitung:
Du benötigst zwei Papierbecher, eine Schere, zwei Bänder – eines 1 m lang, eines 30 cm lang –, eine lange Nadel, kräftige Klebestreifen und ein kleines Kügelchen Modellierton. Mit dem Klebestreifen befestigst du ein Ende des kurzen Bandes innen am Boden eines Bechers,

am anderen Ende befestigst du das Tonkügelchen (Abb. 1). Dann steckst du den zweiten Becher in den ersten, um das Band zu verstecken, und wirfst das eingefädelte lange Band in diesen Becher (Abb. 2).

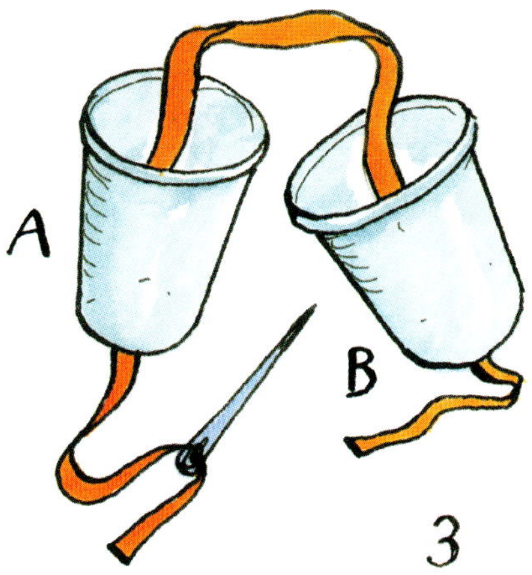

Vorführung:
Du holst das lange Band und die Nadel aus dem Becher, um dem Publikum zu zeigen, dass der Becher leer ist. Du stellst die Becher auf den Tisch und nimmst den oberen Becher ab. Dann stichst du mit der Nadel durch den Boden dieses Bechers, und zwar von unten nach oben. Du lässt den Becher am Band hängen. Dann nimmst du den präparierten Becher und durchstichst ihn mit der Nadel, diesmal von oben nach unten. Nicht das kurze Band durchstechen! (Abb. 3)

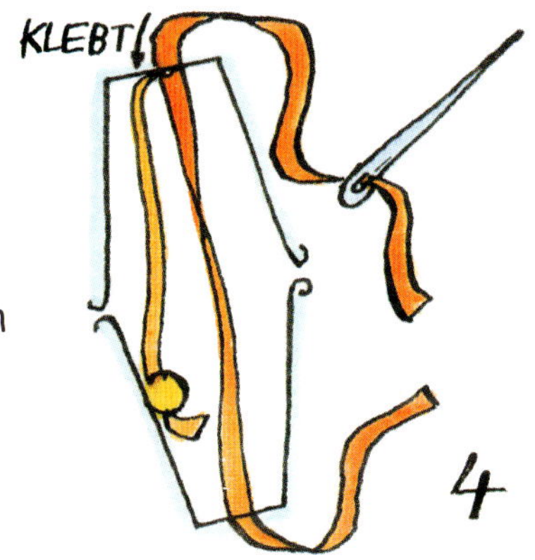

Du schiebst nun die zwei Becher mit der Öffnung zusammen und drehst sie um, sodass das kurze Band innerhalb der Becher herunterfällt – dank des Gewichtes des Tonkügelchens (Abb. 4).
Du öffnest ein klein wenig, ziehst zwischen den Bechern eine Schlinge des kurzen Bandes hervor, klemmst diese Schlinge zwischen den Becherrändern ein und durchschneidest sie (Abb. 5).

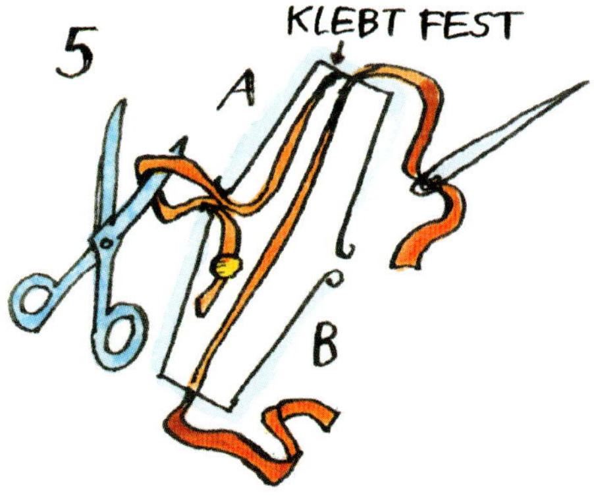

Dann schneidest du die Enden sehr kurz ab und stopfst sie zurück in die Becher. Du drehst die Becher wieder herum, sodass die

Teile des kurzen Bandes in den unteren Becher fallen, und ziehst die Becher schwungvoll aber nicht zu weit auseinander, um zu zeigen, dass das Band ganz ist (Abb. 6). Du ziehst das lange Band heraus, dann steckst du den oberen Becher in den unteren, um die Reste des kurzen Bandes zu verstecken.

Die 3 folgsamen Karten

Wie ist es möglich, dass sich drei Karten in einem Kartenpaket von allen unbemerkt umdrehen?

Ersuche deine Zuseher, drei Karten aus einem Paket zu ziehen und sich diese zu merken. Sie werden an verschiedenen Stellen in das Paket zurückgegeben. Du nimmst es nun kurz hinter deinen Rücken und behauptest, die drei Karten hätten sich bereits umgedreht.

1

2

Vorführung:
Für die Vorführung sind Karten mit weißem Rand erforderlich. Nachdem die Zuseher die Karten gezogen und sich gemerkt haben (Abb. 1), drehst du dich kurz weg, scheinbar, um die gewählten Karten nicht sehen zu können. In Wirklichkeit drehst du aber die unterste und die oberste Karte des Spieles um. Vorsicht! Das Paket mit Rücken nach oben zeigen! Die gewählten drei Karten werden an verschiedenen Stellen zurückgegeben (aufpassen, damit sie nicht verrutschen!) (Abb. 2). Für einen Augenblick hältst du das Paket hinter den Rücken, um die oberste und unterste Karte zurückzudrehen, wodurch erreicht wird, dass nur die drei gewählten Karten verkehrt liegen (Abb. 3). Vorerst sagst du: »Es ist mir nicht gelungen, die drei Karten herauszufinden.

Wenn aber eine schöne Dame sie bitten würde, würden sie sich gewiss selber melden!« Jetzt legst du das gesamte Päckchen in die offene Hand einer Dame und bittest sie, sie möge die gewählten Karten ersuchen, sich im Päckchen umzudrehen, was sie ihr zuliebe auch tun.

3

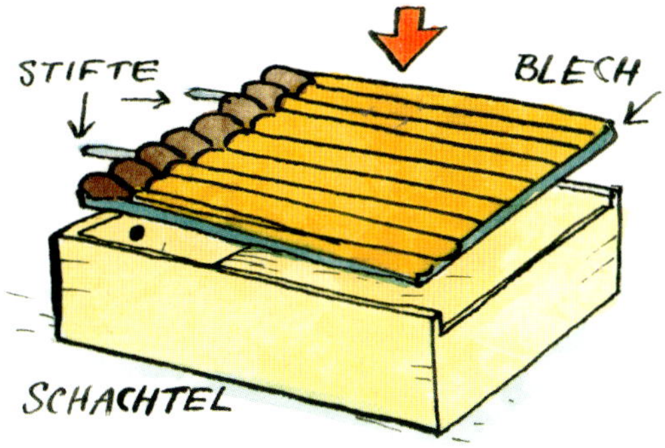

Wo sind die Zündhölzer?

Ziehe den Schiebeteil einer Zündholzschachtel heraus und zeige den vollen Inhalt. Nach Schließen der Schachtel drehst du diese um und lässt sie auf dem Tisch liegen. Du greifst mit deiner Hand in die Jackentasche, holst eine Hand voll Zündhölzer heraus, öffnest die Zündholzschachtel und der Inhalt ist verschwunden.

Vorbereitung:
Aus dem Schiebeteil einer Zündholzschachtel wird an einer Schmalseite ein Stück in der Stärke eines Zündholzes herausgeschnitten. Ein Stück Pappkarton oder leicht verformbares, weiches Blech wird so ausgeschnitten, dass es genau in die Öffnung des Schubers passt. Das Blech muss um die Stärke eines Zündholzes länger werden, da du es an der Schmalseite um die Stärke eines Zündholzes aufbiegen musst. Wenn du Karton verwendest, musst du einen Kartonstreifen in dieser Stärke mit Schnellkleber ankleben. Auf diese Platte klebst du nebeneinander Zündhölzer (siehe Abb.). Unter die Zündhölzer schiebst du zwei kleine Stifte (Stecknadeln). So vorbereitet, schiebst du diesen Teil in die Schachtel, und zwar so, dass die Stifte in vorbereitete Löcher einrasten. Nun steckst du den Schiebeteil in die Hülse. Den Inhalt der Streichholzschachtel gibst du in deine Jackentasche. Nun kannst du beginnen!

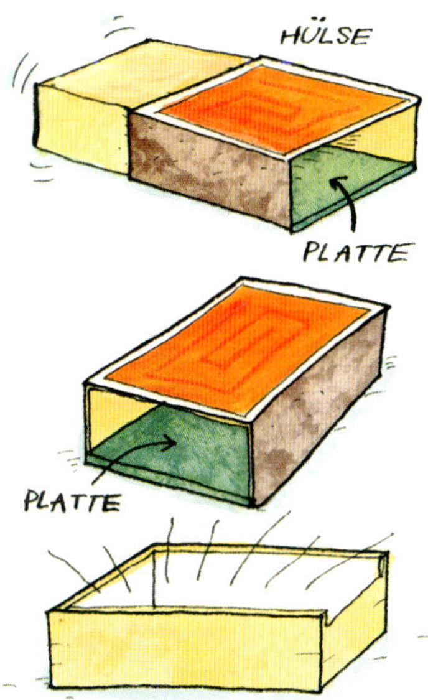

Vorführung:
Ziehe den Schiebeteil der Schachtel heraus und zeige, dass sie voll ist. Schiebe ihn zurück und lege die Schachtel umgekehrt auf den Tisch. Greife in deine Jackentasche und hole die Zünder heraus. Dann öffne die Zündholzschachtel erneut (in Richtung Stifte), so bleibt die Platte im Hülsenteil, die Schachtel ist leer.

Du zeigst eine leere Postkarte und lässt einen Zuschauer seine Initialen auf eine Seite schreiben. Du legst die Postkarte in einen Umschlag, den das Publikum vorher untersuchen kann, verschließt den Umschlag, und ein Zuschauer setzt sich darauf. Du lässt einen anderen Zuschauer aus einem aufgefächerten Kartenspiel eine Karte ziehen, auf die sich ebenfalls ein Zuschauer setzt. Du lässt dir den Umschlag geben, holst die Postkarte mit den Initialen heraus – sehr zur Verblüffung des Publikums ist darauf eine Botschaft in Geheimschrift erschienen. Der Zauberkünstler kann die Botschaft natürlich entziffern: sie verkündet, welche Karte gezogen wurde!

Vorführung:

Du hast in Wirklichkeit **zwei** Postkarten, auf die du in einer erfundenen Geheimschrift jeweils eine Botschaft malst. Die beschriebenen Seiten werden aufeinander gelegt, und die beiden Karten werden als eine vorgezeigt (Abb. 1).

Mit Daumen und Zeigefinger der freien Hand drehst du die Karte einige Male herum, um zu zeigen, dass sie leer ist. Du gibst die Karte nicht aus der Hand, wenn der Zuschauer seine Initialen darauf schreibt. Du steckst beide Karten in den Umschlag, ziehst jedoch später nur die Karte mit den Initialen heraus. Da der Umschlag vorher vom Publikum untersucht wurde, kann man die andere Karte ruhig im Umschlag lassen. Nun zur Entschlüsselung der Botschaft: es ist ganz einfach. Du ordnest vorher das Kartenspiel nach Farben und innerhalb der Farben von As bis König. Hat der Zuschauer eine Karte gezogen, hebst du an der Stelle ab, an der er gezogen hat, und legst die untere Hälfte obenauf. Dann sagst du den Zuschauern, dass du ihnen den Rücken zudrehen wirst, während der Zuschauer seine gezogene Karte zeigt, und hast so Gelegenheit, rasch die oberste und die unterste Karte im Spiel anzuschauen. Die Karte, die dazwischen fehlt, ist die gezogene Karte. Nicht vergessen, das Spiel rasch zu mischen!

Der verschwundene Joker

Der Joker im Kartenspiel geht zurück auf den Hofnarren im Mittelalter, der immer als sehr trickreiche Person galt.
Bei diesem Trick sollen die Zuschauer den Joker finden – er ist aber spurlos verschwunden.

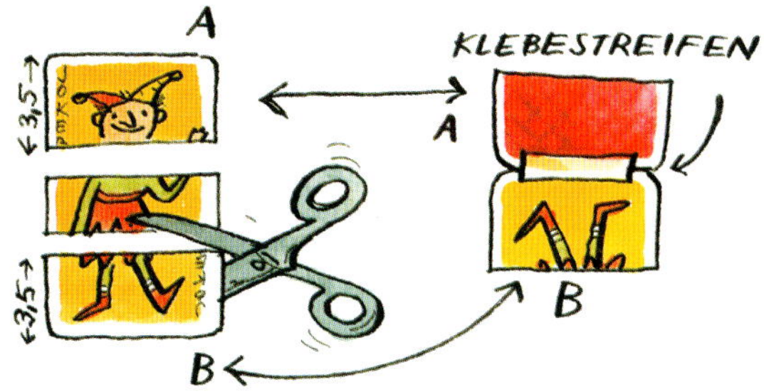

Vorbereitung:
Du brauchst einen Joker und drei höhere Nicht-Bild-Karten der gleichen Farbe, wie z. B. Kreuz- Acht, Kreuz-Neun und Kreuz-Zehn. Noch besser ist es, wenn du drei Karten mit gleichem Wert und gleichem Rückenmuster hast. Du schneidest den Joker auseinander, wie die Abbildung zeigt, und hängst die beiden Enden mit einem Stück Klebestreifen aneinander. Diese kleine Konstruktion kannst du über eine normale Karte schieben, sodass sie wie ein Joker aussieht.
Du hältst die Karten wie die Abbildung zeigt, mit dem falschen Joker über der mittleren Karte, wobei der Daumen und die anderen Finger die Seiten abdecken.
Dann steckst du eine Münze in die linke Jackentasche.

Vorführung:
Du zeigst auf den Joker in der Mitte, dann schiebst du die Karten mit Daumen und Zeigefinger der rechten Hand zusammen. Du drehst die linke Hand so, dass die Bildseite nach unten schaut, ziehst die Karten eine nach der anderen heraus und legst sie nebeneinander auf den Tisch. Die Joker-Konstruktion bleibt in der Hand; niemand wird Verdacht schöpfen, wenn du die Hand ganz locker und natürlich hältst. Nun schiebst du mit der rechten Hand die Karten auf dem Tisch hin und her, und greifst gleichzeitig mit der linken Hand in die Tasche. Du holst die Münze heraus und lässt den Joker drinnen. Du schiebst die Karten noch eine Weile durcheinander, dann bittest du einen Zuschauer, die Münze auf jene Karte zu legen, die er für den Joker hält. Du beweist ihm sofort, dass er sich geirrt hat, vermischt wieder die Karten und lässt einen anderen Zuschauer versuchen. Das kannst du beliebig wiederholen – dann erklärst du dem Publikum, dass es unmöglich sei, einen Joker zu fangen. Zum Beweis drehst du die Karten um!

DOMINO 1×1

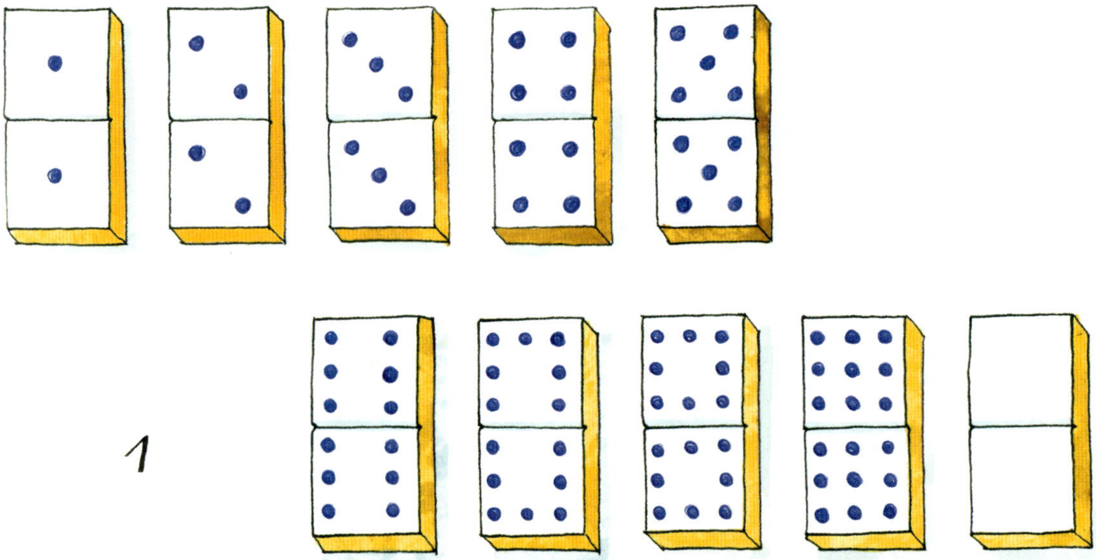

1

Was du mit Dominosteinen alles machen kannst...

Vorbereitung:
Du legst zehn Dominosteine mit Zahlen von 1 bis 9 sowie einen leeren der Reihe nach auf den Tisch. Du kannst auch statt der Dominosteine Kartonplättchen verwenden (Abb. 1). Nun drehst du die Dominosteine um, so dass die Augenzahlen nach unten zu liegen kommen (Abb. 2). Bitte einen Zuschauer, in deiner Abwesenheit einen oder mehrere Steine einzeln von vorne nach hinten zu legen. Du bist imstande, nach deiner Rückkehr die Anzahl der nach hinten gelegten Steine zu erraten. Als Höhepunkt kannst du dies wiederholen, und jetzt stimmt sogar die Punktezahl des Steines, den du aufnimmst, mit der Anzahl der nach hinten gelegten Steine überein.

Rückseite der Steine nach oben

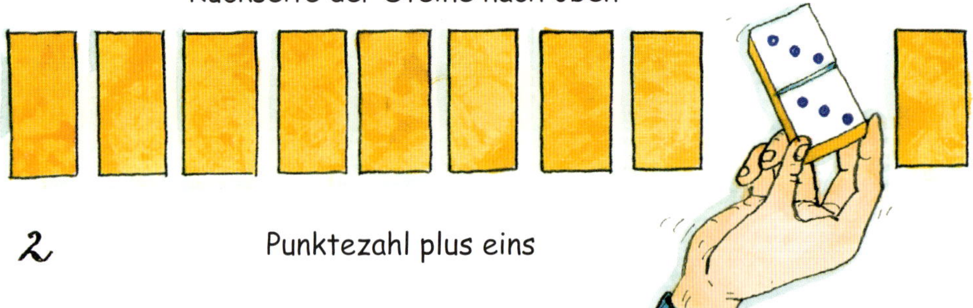

2

Punktezahl plus eins

Vorführung:
Nachdem der Zuschauer die Steine das erste Mal verändert hat, nimmst du den vorletzten Stein auf (Abb. 2). Sieh die Punktezahl an und rechne 1 dazu (Abb. 3). Diese Zahl ergibt die Anzahl der gelegten Steine. Nachdem du das zweite Mal zurückgekommen bist, deckst du den an letzter Stelle liegenden Stein auf, der die Anzahl der verlegten Steine zeigt.

3

Die untergetauchte KARTE

Bei diesem Trick löst sich eine von einem Zauberer gezogene Spielkarte auf geheimnisvolle Art und Weise in einem Krug Wasser auf, und der Zauberkünstler zaubert sie aus seiner Hosentasche wieder hervor.

Vorbereitung:
Du benötigst ein Kartenspiel mit zwei Jokern, außerdem einen Krug mit Wasser, ein Tuch und eine falsche Karte. Diese falsche Karte machst du aus steifem, durchsichtigem Plastikmaterial, das ungefähr die Stärke einer Spielkarte hat. Du schneidest exakt die Form einer Spielkarte zu, achtest jedoch darauf, dass die falsche Karte ein ganz klein wenig größer wird. Am besten eignet sich ein Krug aus gemustertem Glas, da darinnen die falsche Karte selbst aus nächster Nähe nicht zu sehen ist. Du hältst das Spiel mit der Bildseite nach oben, legst einen Joker obenauf, den anderen zuunterst, jedoch mit der Bildseite nach **unten**. Darunter legst du die falsche Karte.

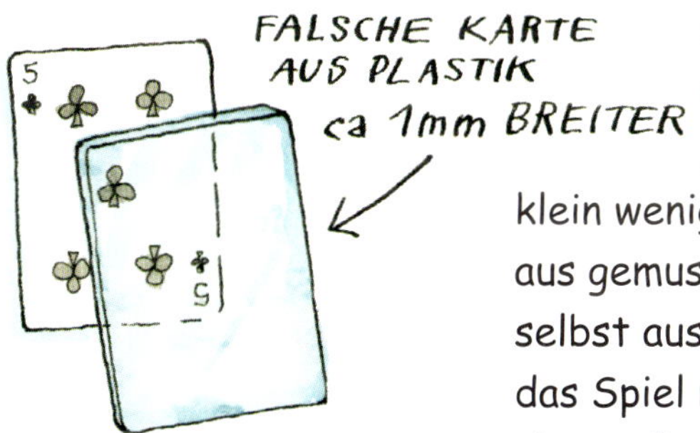

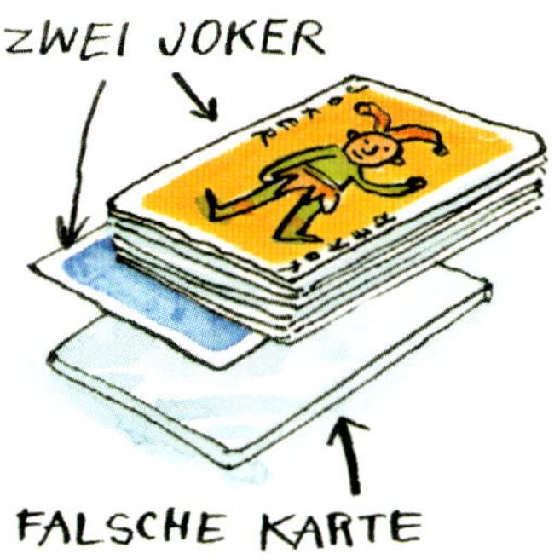

Vorführung:
Du fächerst die Karten auf und lässt einen Zuschauer eine Karte wählen. Du schließt die Karten und bittest ihn, die gezogene Karte auf den Joker zu legen. Dann legst du über dem Spiel das Tuch. Unter dem Tuch drehst du das Spiel um, sodass nun die falsche Karte zuoberst liegt.

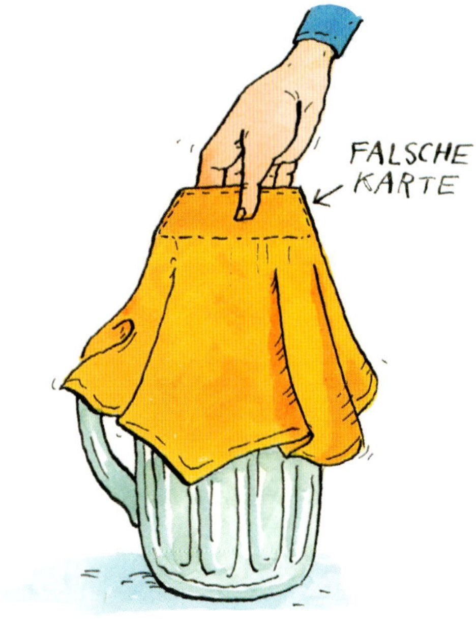

KRUG AUS GEMUSTERTEM GLAS

Du bittest den Zuschauer, die Karte durch das Tuch hindurch abzuheben und über den Krug zu halten. Er hebt natürlich die falsche Karte ab, du nimmst das ganze Kartenspiel heraus, der Zuseher schöpft aber keinen Verdacht, da ja zuoberst auf dem Spiel der Joker sichtbar wird. Er lässt nun die Karte ins Wasser fallen – immer noch unter dem Tuch, damit der Zauber wirken kann. Während alle gespannt auf den Krug blicken, kannst du unauffällig die Hand mit dem Kartenspiel außer Sichtweite der Zuschauer bringen und die Karte in der Hosentasche verschwinden lassen. Schließlich nimmst du das Tuch weg, um zu zeigen, dass die Karte verschwunden ist, dann ziehst du sie zum Erstaunen der Zuschauer aus der Hosentasche!

Die bunten Pompons

Das ist richtige Taschenspielerei – der Trick mag auf den ersten Blick kompliziert wirken, mit etwas Übung geht er aber ganz leicht.

Vorbereitung:

Du benötigst neun Pompons – drei rote, drei gelbe und drei blaue –, sowie drei Schachteln, die ebenfalls diese Farben haben (statt Schachteln kannst du auch Papiersäcke oder Blumentöpfe verwenden). Du stellst die Schachteln in der Reihenfolge rot – gelb – blau auf den Tisch. Du legst vor jede Schachtel die entsprechenden Pompons.

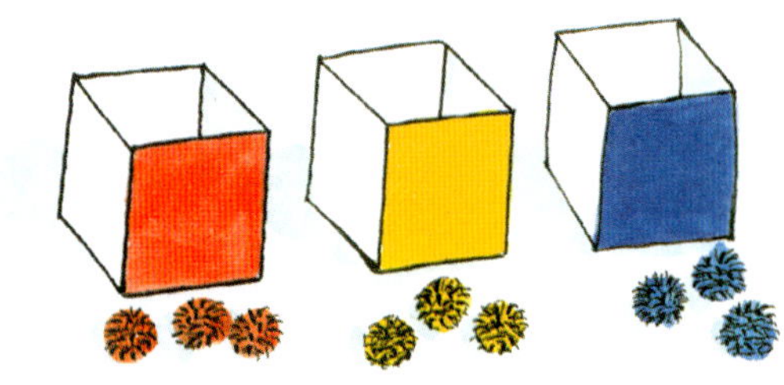

Vorführung:

Du zeigst, dass die Schachteln leer sind, dann beginnst du die Pompons zu verteilen. Alle Bewegungen sind mit der gleichen Hand auszuführen.

1. Du nimmst einen roten Pompon und legst ihn scheinbar in die rote Schachtel, in Wirklichkeit palmierst du ihn jedoch, d.h., du hältst ihn mit Hilfe von Ringfinger und kleinem Finger in der Handfläche versteckt (Abb. 1).

2. Du nimmst einen **gelben** Pompon und legst ihn scheinbar in die gelbe Schachtel, lässt jedoch den **roten** hineinfallen und palmierst den gelben (Abb. 2). Das muss sehr rasch geschehen, während sich die Hand noch in der Schachtel befindet.
3. Du nimmst einen blauen Pompon und legst ihn scheinbar in die blaue Schachtel, lässt jedoch den **gelben** hineinfallen und palmierst den blauen.

4. Du legst scheinbar einen **roten** Pompon in die rote Schachtel, lässt jedoch den **blauen** hineinfallen und palmierst den roten. Nun änderst du die Reihenfolge:
5. Du legst scheinbar einen **blauen** Pompon in die blaue Schachtel, lässt jedoch den **roten** hineinfallen und palmierst den blauen.
6. Du nimmst einen **gelben** Pompon und legst ihn scheinbar in die gelbe Schachtel, lässt jedoch den **blauen** hineinfallen und palmierst den gelben.
7. Du nimmst den letzten **roten** Pompon und lässt ihn tatsächlich in die rote Schachtel fallen – zusammen mit dem **gelben**.
8. Du legst den letzten **gelben** Pompon in die gelbe Schachtel.

9. Du legst den letzten **blauen** Pompon in die blaue Schachtel. Die Zuschauer sind der Meinung, dass sich drei Pompons der gleichen Farbe in der jeweiligen Schachtel befinden. Du klatschst in die Hände und sagt einen Zauberspruch – dann kippst du die Schachteln um, um zu zeigen, dass sich in jeder Schachtel ein roter, ein gelber und ein blauer Pompon befinden. Um sich nicht in der Reihenfolge zu irren, schreibst du dir ein kleines Kärtchen, das du hinten am Tisch festmachst:

rot	**gelb**	**blau**
rot	**blau**	**gelb**
rot	**gelb**	**blau**

Die Geheimzeichen

Dieser Trick eignet sich sehr gut für Partys; du brauchst dazu allerdings einen verschwiegenen Helfer. Bei diesem Kunststück errätst du eines von neun Dingen, die du auf den Tisch gestellt hast, und auf das sich die Zuschauer geeinigt haben, während du den Raum verlassen hattest.

Vorbereitung:

Dieser Trick beruht auf Handzeichen, die der Zauberkünstler und sein geheimer Helfer gut beherrschen müssen. Mit der linken Hand werden die Zahlen eins bis neun signalisiert. Der Daumen zählt fünf, die restlichen Finger jeweils eins. Die Abbildung zeigt genau die jeweilige Fingerhaltung für die einzelnen Zahlen. Der Helfer darf natürlich nicht die Hand auffällig bewegen, sondern muss sie ganz locker an seiner Seite halten.

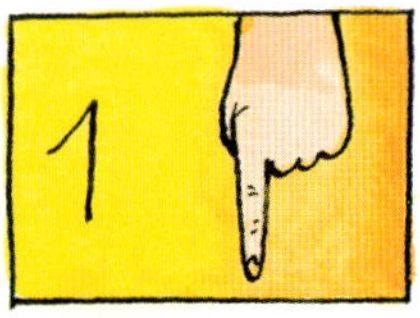

Du stellst dir jedes Ding in einem imaginären Quadrat vor, wobei Quadrat 1 die linke obere Ecke ist usw., wie die Abbildung zeigt. Wenn du zurück in den Raum kommst, gibst du vor, dich zu konzentrieren, wobei du die Hand über die Augen legst. Zwischen den Fingern blinzelst du auf die linke Hand des Helfers, der dir die Zahl des Quadrats signalisiert. Es genügt ein kurzer Blick auf den Tisch, um das gewählte Ding zu nennen.

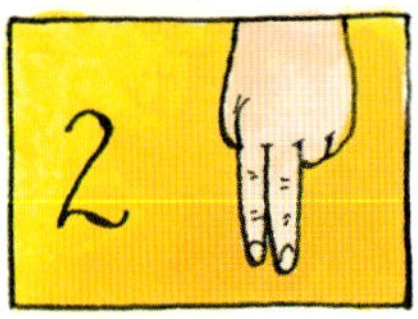

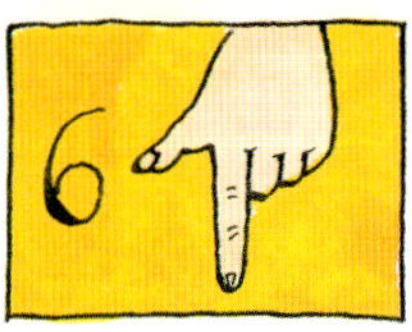

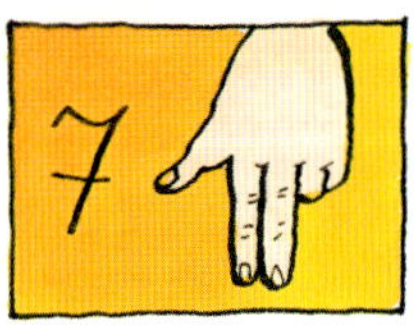

SEHEN MIT DEN FINGERSPITZEN

Wäre das nicht herrlich, wenn du Augen an den Fingerspitzen hättest? Du könntest um Ecken herum sehen, in den Hosentaschen und überhaupt an den unmöglichsten Stellen!

Vorbereitung:

Für diesen Trick benötigst du einen Papiersack, eine Schere, einen roten und einen schwarzen Stift und eine gewöhnliche Postkarte. Du teilst die Postkarte in sechs Quadrate und zeichnest in jedes Quadrat das in der Abbildung gezeigte Symbol. Die Symbole mit gekrümmten Linien zeichnest du schwarz, diejenigen mit geraden Linien rot. Dann rundest du mit der Schere die rechte obere und die linke untere Ecke ab, aber nicht zu viel, damit es nicht auffällt.

DIE ECKEN A UND B WERDEN LEICHT ABGERUNDET

Vorführung:

Du zeigst dem Publikum die Karte, dann zerreißt du sie entlang der Linien in sechs gleiche Stücke, die du in den Papiersack wirfst. Die schwarzen Symbole faltest du dabei heimlich mit Daumen, Zeige- und Mittelfinger in die Hälfte. Ein Zuschauer schüttelt den Sack und reicht ihn dir hinter deinem Rücken. Du greifst in den Sack, und noch bevor du ein Kärtchen herausziehst, kannst du sagen, um welches Symbol es sich handelt. Die Zuschauer können auch ein Symbol nennen, das du aus dem Sack heraussuchst.

Und so wird's gemacht:

Du brauchst nur ein gutes Gedächtnis und Gefühl in den Fingerspitzen. Du fühlst zuerst, ob das Kärtchen flach oder gefaltet ist, dann, ob eine der Ecken abgerundet ist; wenn nicht, wie viele raue Ränder das Kärtchen hat.

Flaches Kärtchen = rot mit geraden Linien
Eine abgerundete Ecke = Quadrat
Zwei raue Seiten = Kreuz (zwei gerade Linien)
Drei raue Seiten = Dreieck (drei gerade Linien)
Gefaltetes Kärtchen = schwarz mit gekrümmten Linien
Eine abgerundete Ecke = Kreis
Zwei raue Seiten = Mond (zwei gekrümmte Linien)
Drei raue Seiten = Wellen (drei gekrümmte Linien)
Die schwarzen Kärtchen glättest du etwas, bevor du sie vorzeigst, um keinen Verdacht zu erregen.

Die wandernden Könige

Drei Könige verschwinden auf geheimnisvolle Art und Weise und werden, zusammen mit einem vierten, in einem Umschlag wieder gefunden.

Vorbereitung:

Du bereitest diesen Trick vor, indem du die vier Könige in vier Gläser (am besten mit geraden Seitenwänden) steckst. Hinter dem Pik-König versteckst du drei Nicht-Bild-Karten. Du benötigst weiters einen normalen Umschlag und zwölf Nicht-Bild-Karten die du mit der Bildseite nach unten vor die Gläser legst.

Vorführung:

Du nimmst den Pik-König zusammen mit den drei anderen Karten aus dem Glas, wobei du sie fest zusammendrückst, sodass sie wie eine Karte aussehen. Du nimmst die anderen drei Könige, einen nach dem anderen – wobei du laut ihre Namen sagst – und steckst sie vor den Pik-König. Du hast nun ein Päckchen Karten mit vier Königen vorne und drei anderen Karten hinten. Du drehst das Päckchen so um, dass die drei anderen Karten zuvorderst liegen, wobei jedoch die Rückseite der Karten zum Publikum schauen muss. Du nimmst nun von vorne je eine Karte weg und steckst sie in die Gläser – immer mit der Rückseite zum Publikum. So stecken also in den ersten drei Gläsern die versteckten Karten, während die vier Könige, die wie eine Karte aussehen, im letzten Glas stecken. Die Zuschauer glauben, dass sich nun wieder in jedem Glas ein König befindet.

Du erzählst dem Publikum, dass du eine Garde für die Könige benötigst, nimmst die zwölf vorbereiteten Karten vom Spiel oben ab, und steckst je drei vor die schon in den Gläsern befindlichen Karten – immer mit der Rückseite zum Publikum. Nun erzählst du weiter, dass sich der Pik-König in seinem Glaspalast schrecklich gelangweilt habe und beschlossen habe, auf die Jagd zu gehen. Du drehst das Glas mit dem Pik-König so, dass das Publikum ihn sieht. Du zeigst, dass der Umschlag leer ist, nimmst die sieben Karten vorsichtig aus dem Glas, steckst sie in den Umschlag und bittest jemanden, den Umschlag zu halten.

Du erzählst weiter, dass die anderen Könige auch auf die Jagd gehen wollten, nimmst nacheinander die anderen Kartenpäckchen aus den Gläsern, und zeigst dem erstaunten Publikum, dass sie verschwunden sind. Du lässt dir den Umschlag zurückgeben, ziehst die vier Könige heraus und stellst jeden wieder in seinen »Palast«. Dann legst du den Umschlag so beiläufig auf den Tisch, dass niemand auf die Idee kommen wird, es könnten noch weitere Karten drinnen sein.

DIE UMGEDREHTEN ASSE

Es gibt viele Tricks, bei denen man die Asse finden muss. Hier ist einer, der sehr rasch geht und trotzdem sehr wirkungsvoll ist.

Vorbereitung:
Du nimmst die vier Asse aus dem Spiel und legst sie auf den Tisch. Dann legst du das Spiel mit der Bildseite nach oben, legst aber die oberste Karte umgedreht darauf, sodass es aussieht, als läge das ganze Spiel Bildseite nach unten. (Das machst du natürlich heimlich hinter deinem Rücken, bevor du mit dem Trick beginnst.)

Vorführung:
Du nimmst das Spiel in die Hand und bittest einen Zuschauer, die auf dem Tisch liegenden Asse eines nach dem anderen in das Spiel zu stecken, wo immer er möchte. Die Karten dürfen dabei nicht verrutschen, sonst könnte er den Schwindel merken. Du nimmst das Spiel nun hinter den Rücken und erklärst den Zuschauern, dass du die Asse in einem Bruchteil einer Sekunde gefunden und überdies noch umgedreht haben wirst. Inzwischen drehst du die oberste Karte um, dann das ganze Kartenpaket, bringst es nach vorne und breitest es auf dem Tisch aus. Die vier Asse stecken verkehrt im Spiel.

ERRATEN VON gedachten Karten

An diesem Kunststück ist schon so mancher berühmte Zauberer gescheitert ... aber du wirst es schaffen!

Es geschieht Folgendes: Du lässt ein Paket Karten mischen und teilst an vier Zuseher je vier Karten aus mit der Bitte, jeder solle sich eine Karte merken. Die sechzehn Karten sammelst du ein und zeigst sie zu je vier mit der Frage, ob sich die gemerkte darunter befinde. Sollte dies der Fall sein, kannst du die Karte sofort nennen. Sehen wir nun hinter das Geheimnis dieses Kunststückes!

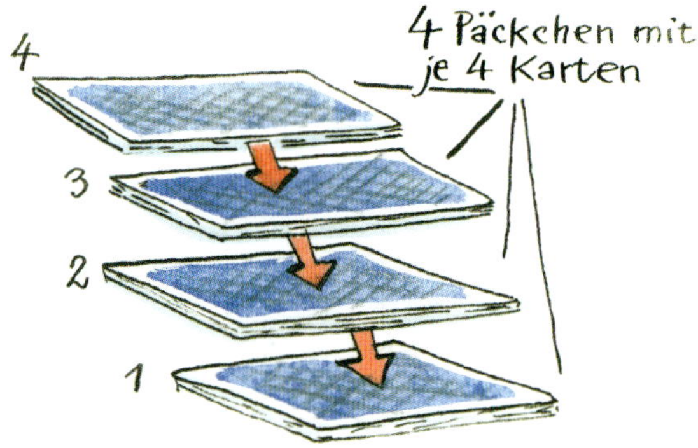

Vorführung:

Du musst dir nur die Reihenfolge der Zuseher merken, an die du die Karten verteilt hast. Von Vorteil ist, wenn die vier nebeneinander sitzen. Die Päckchen werden so eingesammelt, dass sie von eins bis vier mit der Rückseite nach oben aufeinander zu liegen kommen. Wenn die sechzehn Karten in einem Päckchen liegen, legst du vier Karten der Reihe nach nebeneinander auf den Tisch, die fünfte auf die erste, die sechste auf die zweite usw., bis alle sechzehn auf vier Päckchen verteilt sind. Du kannst die Päckchen nach Wunsch aufeinander legen oder von einem Zuseher legen lassen. Du nimmst jetzt die vier obersten Karten herunter und zeigst sie dem ersten Zuseher mit der Frage, ob sich seine Karte darunter befinde. Bejaht er, dann ist seine Karte unbedingt die erste von oben. Verneint er, zeigst du die vier Karten einem zweiten Zuseher; seine Karte wäre die zweite von oben. So gehst du der Reihe nach bei allen vier Zuschauern vor. Es können sich natürlich zwei oder auch mehrere Karten unter den vier befinden, daher musst du an alle vier Zuseher einzeln der Reihe nach die Frage stellen. Es kommt aber nur selten vor, dass alle vier Karten in einem Päckchen sind.

Die magische Zitrone

Verblüffe deine Zuseher, indem du aus einer Zitrone zwei Körbchen machst!

Vorbereitung:
1 Zitrone, 1 scharfes Messer
Die Vorbereitungen sind in der Küche zu treffen. Aber Vorsicht, damit dir der Saft der Zitrone nicht in die Augen spritzt! Wenn du dir die Abbildung ansiehst, wirst du mit etwas Geschicklichkeit und Geduld diese lustige Form herstellen können. Vor der Vorführung musst du natürlich die Zitrone in die ursprüngliche Form bringen!

Vorführung:
Du zeigst die Zitrone deinen Zusehern und behauptest, dass du innerhalb von wenigen Sekunden aus der Zitrone zwei Körbchen zaubern wirst.
Dein Publikum wird es dir nicht glauben. Nimm die Zitrone in deine linke Hand und mit der rechten kreist du magisch über die Zitrone.
Beim dritten Mal drückst du mit den Fingern der rechten Hand den oberen Teil der Zitrone nach unten und zwei miteinander verkettete Körbe sind entstanden.

Der verschwundene Bleistift

Auch mit einem Bleistift kannst du zaubern! Hole aus der Jackeninnentasche einen mit Dekorationspapier überzogenen Bleistift hervor und notiere verschiedene Dinge auf ein Stück Papier. Rolle danach den Bleistift in ein Seidenpapier, und auf ein Simsalabim knetest du das Päckchen zusammen – der Bleistift ist verschwunden. Zugleich greifst du in deine Jackentasche und holst den Bleistift unversehrt heraus.

Vorbereitung:

Zeichenpapier
2 Bleistifte
Dekorationspapier
Seidenpapier

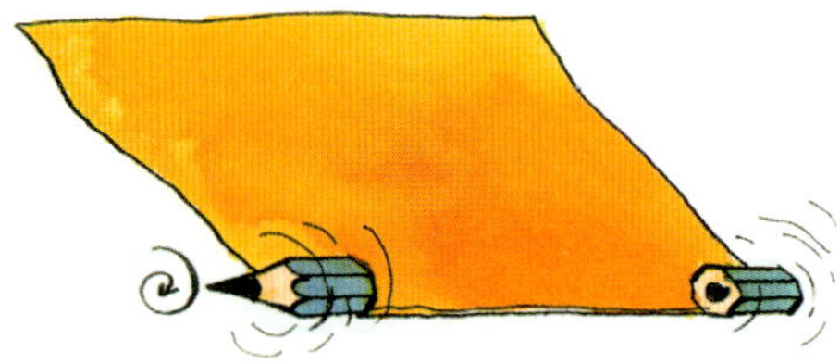

Als Vorbereitung steckst du einen Bleistift, den du mit Dekorationspapier überzogen hast, in deine Jackentasche. Rolle um einen weiteren Bleistift ein Stück Zeichenpapier, klebe es zusammen und nimm den Bleistift wieder heraus. Beklebe die Rolle mittels Alleskleber mit Dekorationspapier und stecke in beide Öffnungen je ein ganz kleines Bleistiftstück (2–3 cm). Somit hast du eine Bleistiftnachahmung.

Vorführung:

Zeige den „falschen Bleistift" und schreibe verschiedene Wörter auf ein Blatt Papier. Damit zeigst du deinem Publikum, dass es sich hier um einen ganz gewöhnlichen Bleistift handelt. Dann nimmst du ein Stück Seidenpapier und wickelst den Bleistift hinein. Nach einem Zauberspruch knetest du das Päckchen zusammen. Der Bleistift hat sich scheinbar in Luft aufgelöst. Du machst eine magische Bewegung und holst lächelnd den (zweiten) Bleistift aus der Jackentasche heraus.

WO IST DIE DAME?

Auf diesen Trick werden dir deine Zuseher niemals draufkommen! Du hast fünf mit Alleskleber aneinander geklebte Karten in deiner Hand, davon sind vier Zahlenkarten und in der Mitte eine Dame. Du drehst die Karten. Bild nach unten, ein Zuschauer soll nun mit einer kleinen Wäscheklammer

die Dame anklammern. Es wird ihm mit Sicherheit nicht gelingen. Er darf es nochmals versuchen, aber auch diesmal verfehlt er sein Ziel.

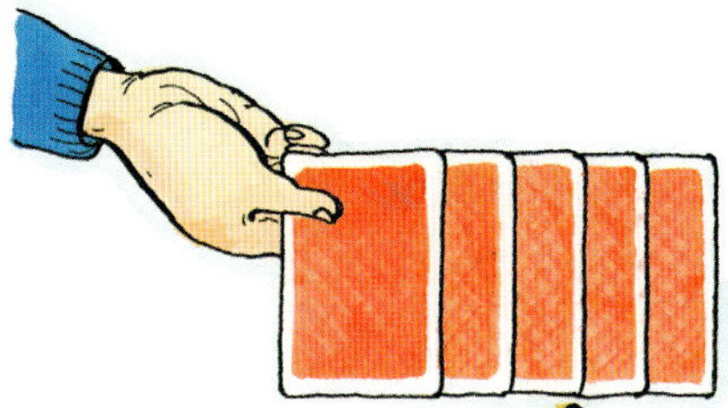

Vorbereitung:
Klebe die Karten in Abständen von 1,5 cm nebeneinander, die Dame in die Mitte. Dann benötigst du noch eine kleine Wäscheklammer – und schon ist dieses Zauberkunststück vorführbereit. Probiere es einmal selbst, und du kommst sofort hinter das Geheimnis.

Die magische Zahl 21
Du übergibst einem Zuschauer einen verschlossenen Briefumschlag mit einer Spielkarte als Voraussage. Ein weiterer Zuschauer wird gebeten, zweimal zu würfeln und die Augenzahlen zusammenzurechnen. Ein dritter Zuschauer erhält ein Kartenspiel mit dem Auftrag, dieses gründlich zu mischen. Du bittest ihn, die der gewürfelten Augenanzahl entsprechende Karte – von oben gezählt – herauszunehmen. Nachdem der Briefumschlag geöffnet wird, stellt sich heraus, dass beide Karten gleich sind.

Vorbereitung:
1 Kartenspiel
1 Extrakarte
1 Briefumschlag
Papier und Bleistift
2 Würfel
1 Würfelbecher

Ferner musst du wissen, dass die gegenüberliegende Punktezahl eines Würfels immer 7 ergibt.

Vorführung:
Du gibst die Extrakarte in den Briefumschlag, verschließt ihn und überreichst ihn einem Zuschauer zur Aufbewahrung. Merke dir diese Karte gut! Bitte einen zweiten Zuschauer, mit zwei Würfeln zugleich zu würfeln. Während du dich abwendest, soll er die oben liegenden Augenzahlen zusammenzählen, auf das Papier schreiben und von einem der beiden Würfel die unten liegende Zahl dazuschreiben. Jetzt nimmt er den Würfel, von dem beide Augenzahlen zusammengezählt wurden, und würfelt nochmals. Nun lässt du die oben liegende Augenzahl ebenfalls dazuschreiben und schließlich von beiden Würfeln die unten liegende Zahl notieren. Die Zahlen werden zusammengerechnet, das Ergebnis wird bekannt gegeben – es ist immer 21. Während du dich abgewendet oder sogar weiter entfernt hast, suchst du die gleiche Karte, die sich im Briefumschlag befindet, aus dem gemischten Kartenpaket heraus und legst sie an die 21. Stelle von oben. Wenn dies alles durchgeführt wurde, übernimmst du die Würfel und gibst dem Zuschauer das Kartenpaket zur Aufbewahrung. Den Zuschauer mit dem Briefumschlag bittest du, diesen zu öffnen und die Karte zu nennen; der andere, der gewürfelt hat, möge die Zahl nennen (21). Der Zuschauer mit dem Kartenspiel wird gebeten, die 21. Karte von oben aufgedeckt auf den Tisch zu legen. Mit diesem Kartenexperiment hast du wieder einmal deine magischen Fähigkeiten bewiesen.

Wie aus einer gewöhnlichen Spielkarte ein Joker wird!
Der Zuschauer sieht in deiner Hand drei Karten: in der Mitte eine rote Bildkarte und links und rechts je eine schwarze Zahlenkarte. Du bittest ihn, sich die mittlere zu merken. Du legst sie auf den Tisch, aber, welch eine Überraschung: Wenn der Zuschauer die Karte aufnimmt, hat sich diese in einen Joker verwandelt.

Vorbereitung:
4 Spielkarten, davon 2 schwarze Zahlenkarten
1 rote Bildkarte
1 Joker
1 durchsichtiges Klebeband

Die rote Bildkarte schneidest du in der Mitte schräg durch (Abb. 1), den restlichen linken Teil der Karte klebe auf eine schwarze Zahlenkarte, so dass der

Klebestreifen innen liegt (Abb. 2). Die halbe Karte kannst du jetzt auf- und zuklappen. Schneide den vorstehenden Teil am unteren Rand weg, so dass die Karte von der Rückseite wie eine aussieht. Stecke in diese entstandene Tasche den Joker, und lege die zweite Zahlenkarte darüber (Abb. 3). Man sieht nun außen zwei schwarze Zahlenkarten, in der Mitte eine rote Bildkarte (Abb. 4).

4

5

Vorführung:
So vorbereitet, hältst du die Karten in der linken Hand und bittest einen Zuschauer, er möge sich die mittlere Karte merken. Du wendest die Hand mit den Karten Bild nach unten, ziehst mit der rechten Hand die mittlere Karte heraus und legst sie Bild nach unten auf den Tisch (Abb. 5). Bevor du die verbliebenen Karten in deiner Hand herzeigst, schiebe sie etwas zusammen, werfe selbst einen kurzen Blick darauf, ob die angeklebte halbe Karte gut verdeckt ist. Halte sie dann offen zum Publikum. Du lässt den Zuschauer den Wert der Karte nennen und ihn selbst die am Tisch liegende Karte umdrehen. Alle werden erstaunt sein, denn die Bildkarte hat sich in einen Joker verwandelt.

Das Mischen von Karten

Jeder Zauberkünstler muss das Mischen der Karten beherrschen – hier sind die zwei wichtigsten Arten des Kartenmischens:

Das Überhandmischen der Karten

1. Du stellst das Spiel auf die linke Hand, der Daumen und die anderen Finger der rechten Hand fassen jeweils das untere und das obere Ende des Spiels. Das Spiel muss in einem Winkel von etwa 45 Grad geneigt sein (siehe Abb. 1).

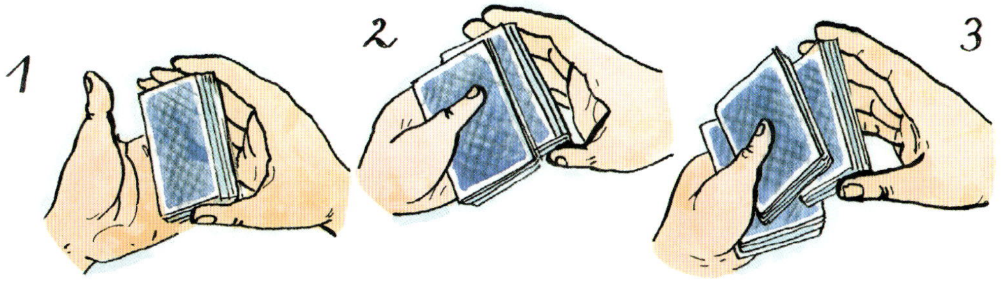

2. Du hebst das Spiel an und presst dabei den linken Daumen fest dagegen, sodass die obersten Karten des Spiels in der linken Hand verbleiben (Abb. 2).
3. Du schiebst das restliche Spiel über diese Karten, hebst wieder an, ziehst mit dem linken Daumen einige Karten herunter (Abb. 3), und so weiter, bis sich das gesamte Spiel in der linken Hand befindet.
Diese Bewegung musst du üben, bis du sie ganz leicht und schnell ausführen kannst – und bis keine Karten mehr hinunterfallen!

DAS STECHEN DER KARTEN

Die meisten Kartenspieler mischen die Karten auf diese Weise. Es sieht sehr effektvoll aus, und die Karten werden dabei gut durcheinander gemischt. Die meisten Leute stützen das Kartenspiel beim Mischen auf dem Tisch auf, es wirkt aber viel besser, wenn du die Karten in der Luft stichst.
1. Du hältst das Spiel aufrecht in der rechten Hand; Mittelfinger, Ringfinger und kleiner Finger stützen es von unten, der Daumen hält es oben, der Zeigefinger ist gekrümmt und stützt es von hinten (Abb. 1).
2. Du teilst das Spiel mit dem Daumen in zwei Teile und lässt das halbe Spiel auf die ausgestreckten Finger der linken Hand fallen. Den linken Zeigefinger legst du obenauf, um die Karten festzuklemmen (Abb. 2).

3. Mit Hilfe der rechten Fingerspitzen kippst du das Kartenpaket, das sich in der linken Hand befindet, zu dir , so dass der linke Daumen das freie Ende erfassen kann. Du drehst die Kartenpakete so, dass die Bildseiten zueinander schauen (Abb. 3).
4. Du bringst die Seiten, die jeweils vom Daumen gehalten werden, nahe aneinander und lässt die Karten eine nach der anderen gegeneinander schnellen, so dass die beiden Pakete gemischt werden (Abb. 4).
5. Du schiebst mit beiden Händen die Pakete ineinander, sodass wieder ein schönes, gleichmäßiges Paket entsteht.

Der faule ZAUBERER

Bei diesem Trick kann sich der Zauberkünstler ausruhen – der Zuschauer macht alles.

Vorbereitung:

Du präparierst heimlich das Spiel, indem du alle Herzkarten von As bis Zehn (nicht die Bildkarten) aussortierst, fünf davon zuoberst auf das Spiel legst, die restlichen fünf zuunterst.

Vorführung:

Du reichst einem Zuschauer das Spiel und bittest ihn, die Karten in fünf Päckchen aufzuteilen, die mit der Bildseite nach unten auf dem Tisch liegen sollen. Nun soll er ein Päckchen nehmen, irgendeine Karte aussuchen, sie den Zuschauern (natürlich nicht dem Zauberkünstler) zeigen und sie dann auf eines der Päckchen legen. Dann legt er die einzelnen Päckchen in beliebiger Reihenfolge aufeinander und hebt einige Male ab, damit die Karten gut durchgemischt werden. Schließlich bittest du ihn, die Karten in einer Reihe auf dem Tisch aufzulegen, sodass jede einzelne Karte gut sichtbar ist. Du fährst nun mit einem Zauberstab oder auch einfach mit einem Bleistift die Reihe entlang und zeigst schließlich auf die gewählte Karte.

Wenn der Zuschauer alles richtig gemacht hat, brauchst du nur nach einer Karte zu suchen, die zwischen zwei Herzkarten liegt. Versuch den Trick zuerst für dich selbst, du wirst sehen, dass es immer stimmt, allerdings mit einer Ausnahme: wenn nämlich der Zuschauer gerade an dieser Stelle abgehoben hat. In dem Fall findest du die gewählte Karte an einem Ende des Spiels, am anderen Ende muss sich eine einzelne Herzkarte befinden.

Hast du die gewählte Karte entdeckt, so lass dir Zeit. Schließlich musst du dich ganz fest konzentrieren, um die Gedanken des Zuschauers lesen zu können. Die Spannung wird dadurch erhöht, die Verblüffung des Publikums wird umso größer sein!

Die Houdini Karte

Ein Pik-Bube entkommt aus drei verschlossenen Umschlägen und kehrt in das Weinglas zurück, in dem er sich anfangs befunden hatte.

Vorbereitung:

Du benötigst einen kleinen Wandschirm aus Karton, der zwei Seitenteile hat – auf der Rückseite des mittleren Teils wird eine Büroklammer mit einem Klebestreifen befestigt. Weiters brauchst du ein Weinglas, das etwa 5 cm niedriger sein sollte als der Schirm, zwei kleine Umschläge und einen ziemlich großen, sowie einen Bogen Papier mit der Aufschrift »AUF WIEDERSEHEN!« und zwei Pik-Buben. Du steckst einen Pik-Buben in das Glas, den anderen befestigst du an der Büroklammer. Du stellst den Wandschirm vor das Glas; faltest das Papier und steckst es in einen der kleinen Umschläge, den du verschließt. Diesen steckst du in einen mittleren Umschlag, den du ebenfalls verschließt. Diesen wiederum versteckst du im großen Umschlag, den du aber offen lässt. Du hältst einen Bleistift oder eine Feder bereit.

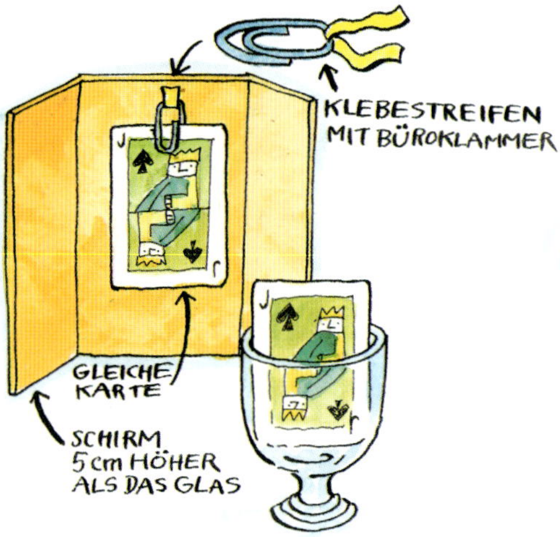

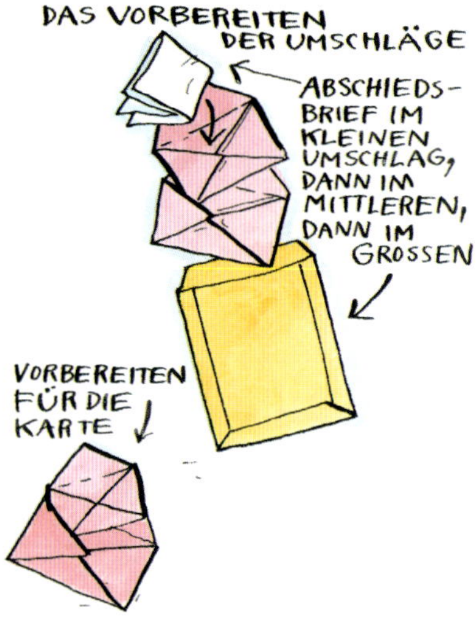

Vorführung:

Du entfernst den Wandschirm, zeigst den Pik-Buben im Glas und nimmst ihn heraus. Wenn du den Wandschirm wieder vor das Glas stellst, neigst du ihn etwas, sodass das Ende der hängenden Karte in das Glas gleitet. Den Pik-Buben steckst du in den zweiten kleinen Umschlag, verschließt ihn fest und steckst diesen in den mittleren Umschlag, den du ebenfalls verschließt. Während du dabei bist, diesen in den großen Umschlag zu schieben, erinnerst du dich, dass du ja einen Zuschauer unterschreiben lassen wolltest und holst den mittleren Umschlag wieder heraus (selbstverständlich den anderen mit dem Abschiedsbrief, der Umschlag mit dem Pik-Buben bleibt drinnen!). Der Zuschauer unterschreibt auf dem mittleren Umschlag, dieser wird im großen Umschlag fest eingeschlossen. Du erzählst dem Publikum, dass der Pik-Bube eine sehr schlaue Karte ist, die überall entkommen kann, wie der große Houdini. Du öffnest den großen Umschlag und holst den unterschriebenen mittleren Umschlag heraus; den großen Umschlag (mit dem anderen drinnen) wirfst du in den Papierkorb. Der Zuschauer bestätigt, dass es sich um seine Unterschrift handelt und darf die beiden Umschläge öffnen. Vom Pik-Buben keine Spur, nur sein Abschiedsbrief (AUF WIEDERSEHEN!) ist da! Du nimmst das Glas von hinten, wobei Daumen und Zeigefinger über den Rand des Glases schauen müssen. Du fasst den zweiten Pik-Buben und ziehst ihn aus der Klammer. Mit der anderen Hand entfernst du den Wandschirm.

Du zauberst aus einer leeren Schatulle bunte Tücher hervor!

Wenn du Zeit und Lust hast, kannst du zu Hause folgendes Requisit selbst herstellen: Eine Schatulle, welche du auf zwei Hälften öffnen und leer herzeigen kannst. Nach erneutem Schließen zauberst du mehrere bunte Tücher heraus.

Vorbereitung:
3–5 mm starke Holzfaserplatten, für die Tür zwei kleine Scharniere und für die Dekoration bunte Selbstklebefolie.

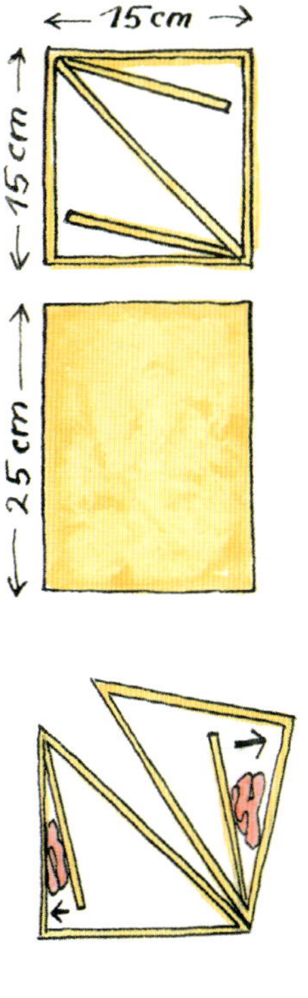

Dieses Kunststück bedarf praktisch keiner Erklärung. Wenn du die Bilder aufmerksam betrachtest, wirst du das Geheimnis der Schatulle rasch verstehen.

KRAFT AKT 1

Möchtest du deinen Freunden gern beweisen, dass du stärker bist? Du brauchst nur eine Hand fest auf den Kopf zu drücken, wie es die Abbildung zeigt. Deine Freunde müssen versuchen, die Hand nach oben vom Kopf weg zu heben. Sie werden es nicht schaffen – außer sie sind außergewöhnlich groß und stark.

KRAFT AKT 2

Du borgst einen Geldschein von einem Zuschauer aus und klemmst ihn zwischen die Handflächen; die Fingerspitzen schauen nach oben, die Ellbogen sind seitwärts gerichtet. Der Geldgeber wird nun versuchen, sein Geld wieder zubekommen, indem er deine Handgelenke erfasst und versucht, die Arme seitwärts auseinander zu ziehen. Wenn du die Handflächen fest aufeinander presst, wird es ihm kaum gelingen. Auf jeden Fall hast du nichts zu verlieren, denn das Geld ist ja geborgt!

ZAUBEREI MIT ZÜNDHOLZSCHACHTEL

In zwei Zündholzschachteln tauschen ein roter und ein blauer Würfel ihre Plätze.
Vorbereitung:
Auf den Boden der einen Zündholzschachtel klebst du mit Alleskleber ein rotes, auf den der anderen ein blaues Papier (Außenschachtel!). Klebe auf die Unterseite der Laden jeweils ein rotes und ein blaues Papier in der Größe des Zündholzschachtelbodens. Dieses Papier darf aber nur max. 10 mm an der

Schmalseite des Zündholzschachtelbodens angeklebt werden (Abb. 1). Die so vorbereiteten Laden schiebst du mit der Seite A so in die Schachteln, dass das blaue Papier den roten Boden verdeckt und umgekehrt (Abb. 1). Die beiden Schachteln liegen auf dem Tisch.

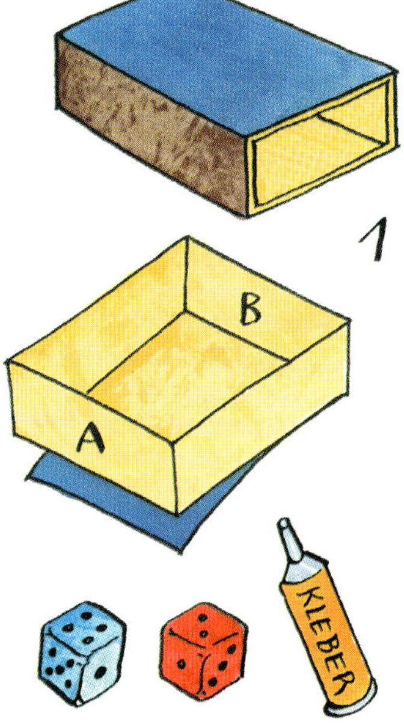

Vorführung:

Für die Vorführung lege einen roten und einen blauen Würfel in ungefähr 30 cm Entfernung auf den Tisch. Hebe die beiden Zündholzschachteln – eine in der rechten, eine in der linken Hand vom Tisch auf und zeige die Farben auf der Unterseite (Abb. 2). Mit dem Zeigefinger musst du verhindern, dass sich das lose Blatt vom Boden löst. Lege sie mit dem Boden nach unten neben die entsprechend farbigen Würfel – Rot zu Rot, Blau zu Blau. Nimm eine Schachtel auf, schiebe die Lade an der Seite B heraus und lege den Würfel hinein. Schiebe die Lade mit Seite B voraus in die Schachtel zurück, so gelangt das Papier in die Schachtel (Abb. 3). Gehe mit der anderen Schachtel genauso vor. Lege die beiden Schachteln für kurze Zeit übereinander und drehe sie um, damit die Zuschauer die Unterseite und die Farben sehen können. Nimm eine Schachtel in die Hand, drehe sie wieder zurück und öffne sie zur Hälfte. Zur Überraschung deines Publikums nimmst du den roten Würfel aus der Schachtel mit der blauen Unterseite und umgekehrt.

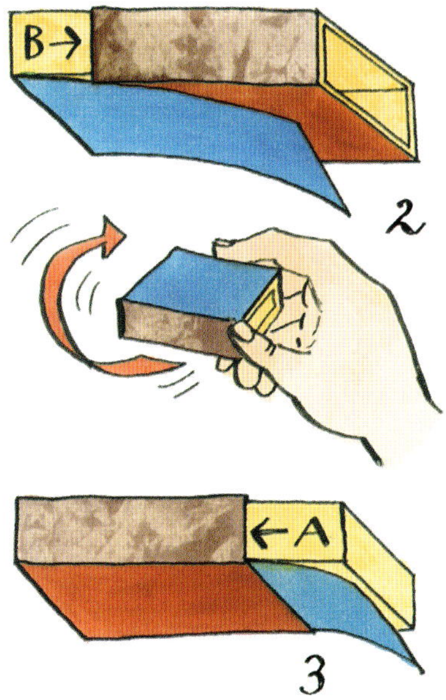

Stundenlanges Kopfzerbrechen …

Lege aus fünf Zündhölzern folgende Rechnung auf den Tisch:

5 + 5 + 5 = 550.

Gib einem Zuschauer ein Zündholz und fordere ihn auf, dieses irgendwo dazuzulegen, sodass der Rechenvorgang zur angegebenen Lösung führt. Die Erfahrung zeigt, dass diese Aufgabe jemandem, der die Lösung nicht kennt, stundenlanges Kopfzerbrechen bereitet.

Lösung:

Das Zündholz wird zum ersten Pluszeichen (+) so dazugelegt, dass daraus eine Vier entsteht. Damit lautet die Lösung:

545 + 5 = 550.

Viele Probleme mit einem Buchstaben!

Bastle aus Karton den Buchstaben T wie auf dem Bild, etwa 10 cm hoch. Schneide ihn wie auf der Abbildung unten rechts in vier Teile. Gib jemandem die vier Teile in die Hand und bitte ihn, daraus ein T zu formen.

Du wirst sehen, dass dieses scheinbar einfache Problem jemandem, der die Lösung nicht kennt, ernsthaft Kopfzerbrechen bereiten wird!

Ein rotes und ein gelbes Tuch tauschen in einer Papiertüte ihre Plätze.

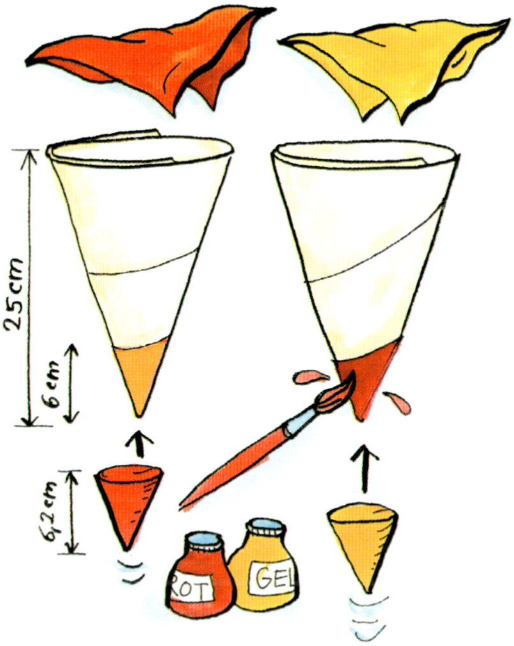

Vorbereitung:
Außer den beiden verschiedenfarbigen Tüchern benötigst du zwei Papiertüten mit einer roten und gelben Spitze. Bereite dir zwei zusätzliche kleine Papiertütchen so vor, dass sie auf die Spitzen der beiden großen Papiertüten passen. Die Spitzen der großen Tüten bemalst du mit Wasserfarbe einmal rot und einmal gelb. Die kleinen Tüten werden ebenfalls einmal gelb und einmal rot bemalt. Die kleinen Tüten müssen die Farbspitzen der großen Tüten komplett verdecken. Ziehe das gelbe Tütchen auf die große rote Tüte und umgekehrt.

Für die Tüten verwendest du am besten einen dünnen Karton, als Kleber Alleskleber. Die in der obigen Zeichnung angegebenen Maße sind Richtwerte. Die Größe kannst du nach deinen Wünschen wählen.

Vorführung:
Lege in diese vorbereitete Tüte mit roter Spitze ein kleines rotes Tuch (30 x 30 cm) und in die Tüte mit der gelben Spitze ein gelbes Tuch. Stelle beide Tüten in einen undurchsichtigen Behälter. Ein Hut genügt auch. Nach einigen magischen Bewegungen ergreife mit der linken Hand die Spitze einer Tüte, streife das farbige Hütchen ab – dieses verbleibt im Behälter – und hebe mit der rechten die große Tüte heraus. Lasse von einem Zuschauer das Tuch aus der Tüte herausnehmen. Die Farbe des Tuches und der Tütenspitze sind nicht mehr gleich. Wiederhole dasselbe mit der zweiten Tüte.

PARTYSPASS

Hier zeige ich dir einige Tricks, die eigentlich nichts mit Zauberei zu tun haben, die aber bestimmt auf jeder Party ein großer Erfolg sein werden.

EINE SÜSSE ÜBERRASCHUNG

Du legst drei Süßigkeiten auf den Tisch und deckst sie mit einer umgedrehten Schüssel zu. Du bittest einen Zuschauer, ein Bonbon auszusuchen, das du aufessen und unter die Schüssel zaubern wirst. Wie ist das möglich? Ganz einfach: Du isst das Bonbon auf, stülpst dir die Schüssel auf den Kopf und suchst das Weite, bevor es dem Zauberkünstler an den Kragen geht!

Ein unheimliches Gefühl

Du bittest einen Zuschauer, sich in einen Türrahmen zu stellen und seine Handrücken so fest wie möglich gegen den Rahmen zu pressen, während du bis zwanzig zählst. Dann muss er rasch einen Schritt nach vorne tun, seine Arme aber in der gleichen Stellung halten.
Plötzlich wird er das Gefühl haben, dass sich seine Arme, wie von einer unsichtbaren Kraft getrieben, von selbst heben. Es ist wirklich ein eigenartiges Gefühl – versuch es doch einmal selbst. Und noch etwas: niemals vorher verraten, was passieren wird!

ZUCKER IM TEE

Du bittest einen Zuschauer, mit seitlich ausgestreckten Armen zu stehen, worauf du ihm eine Tasse Tee in die eine Hand und ein Stück Zucker in die andere Hand gibst. Er muss den Zucker in den Tee werfen, darf aber

seine Arme nicht beugen. Natürlich ist das unmöglich – außer man schwindelt ein bisschen. Du beugst dich mit gestreckten Armen etwas zur Seite, stellst die Tasse auf dem Tisch ab, drehst dich herum und lässt mit der anderen Hand den Zuckerwürfel in den Tee fallen.

TÜCHER ERSCHEINEN LASSEN

Die folgende Vorführung wird ein Höhepunkt deines Programms sein!

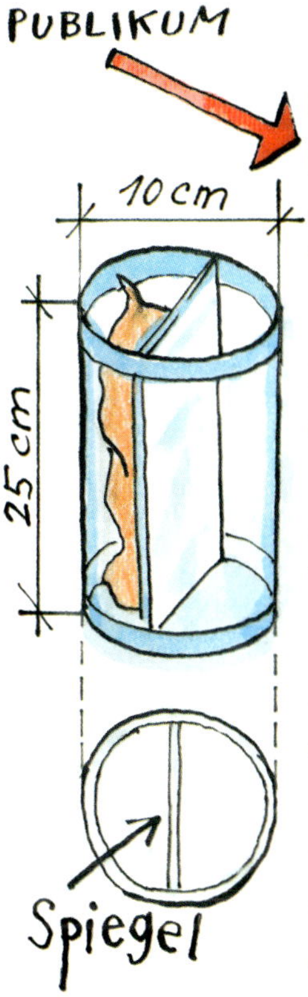

Du zeigst ein durchsichtiges Rohr und ein Rohr aus buntem Pappkarton. Beide sind scheinbar leer. Du stülpst das Pappkartonrohr über das durchsichtige Rohr und kannst nun aus diesem 8 bis 10 Tücher hervorzaubern.

Vorbereitung:

1 durchsichtiges Rohr, z. B. aus stärkerer Klarsichtfolie

1 Spiegel oder Spiegelfolie auf Karton. Mit Alleskleber klebt man den Spiegel oder die Spiegelfolie in das durchsichtige Rohr.

1 buntes Pappkartonrohr

8 bis 10 Tücher

Vorführung:

Du stellst das durchsichtige Rohr mit dem Spiegel (Spiegelfolie) zu den Zuschauern gewendet auf. Diese gewinnen den Eindruck, es sei vollkommen leer. Wenn du den hinter dem Spiegel befindlichen Teil mit Tüchern füllst, bleiben sie für die Augen der Zuschauer verborgen. Nun zeigst du, dass auch das Papprohr leer ist, und stülpst es darüber. Nach einigen magischen Bewegungen kannst du die Tücher zum Verblüffen der Zuseher einzeln hervorzaubern.

DIE DREI ZÜNDHOLZSCHACHTELN

Ein Trick, den man nicht alle Tage sieht!

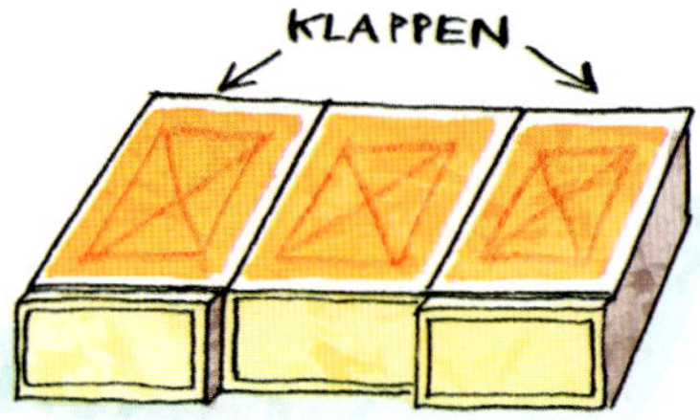

1

Von drei auf dem Tisch stehenden Zündholzschachteln verschwinden nach kurzem Abdecken mit deiner Hand zwei. Du greifst in deine Tasche und holst vor aller Augen die beiden verschwundenen heraus.

2

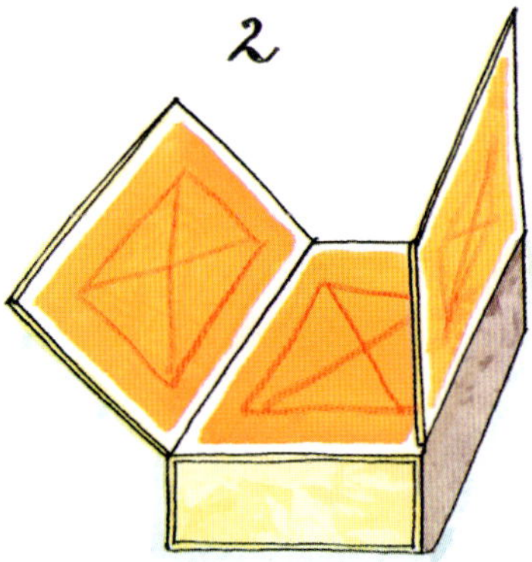

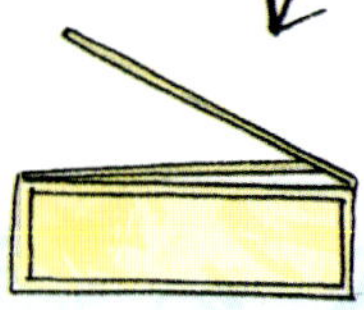

3

Vorbereitung:
Für dieses Zauberkunststück benötigst du acht gleiche Zündholzschachteln. Schneide von drei das Oberteil mit dem Aufdruck aus. Klebe mit Alleskleber zwei mit der Innenseite zusammen, so dass der Aufdruck außen ist. Dieser Doppeldeckel wird auf der rechten Seite der Schachtel angeklebt. Auf die linke Seite kommt ein Deckblatt (Abb. 2). Zwei Schachteln steckst du in deine Tasche. Vor der Vorführung schlage zuerst den einseitigen Teil, dann den doppelseitigen um, so dass es wie eine gewöhnliche Schachtel aussieht (Abb. 3).
Bereite dir zuvor eine Servante – d. h. eine für den Zuseher unsichtbare Ablage – vor. Ein Tuch wird mit zwei Sicherheitsnadeln an einem Tischtuch befestigt. Du formst es so, dass man Gegenstände hineinfallen lassen kann (Abb. 4).

Vorführung:
Jetzt beginnst du mit deiner Vorführung. Lege die drei Schachteln aufeinander, sodass die gefaltete in der Mitte zu liegen kommt. Zeige sie einzeln vor und stelle sie auf den Tisch, die vorbereitete wieder in der Mitte. Unter Deckung der Hände öffnest du die beiden Klappen (Abb. 1) und lässt die beiden seitlichen Schachteln in die Servante fallen (Abb. 4). Die Zuschauer gewinnen den Eindruck, dass sich noch alle drei Schachteln auf dem Tisch befinden. Bedecke sie kurz mit einem vorher leer gezeigten Taschentuch und klappe zugleich die seitlichen Teile zusammen . Entferne das Taschentuch, zeige, dass sich darunter nur eine Schachtel befindet, und hole mit der anderen Hand aus deiner Tasche die beiden restlichen (Abb. 5).

4

5

DIE MAGNETISIERTEN ZÜNDHÖLZER

Dieses kleine Kunststück ist als überraschende Einlage bestens geeignet. Zwischen Daumen und Zeigefinger der linken Hand hältst du zwei Zündhölzer. Die rechte Hand führt ein drittes Zündholz zwischen die beiden. Wie durch unsichtbare Kräfte geführt, bewegen sich nun die beiden Zündhölzer auseinander (Abb. 2).

Vorbereitung:
Dieses Kunststück wird durch ein kleines Stück Ventilgummi eines Fahrradschlauches möglich. Auf dieses Stück Ventilgummi wird links und rechts ein Zündholz gesteckt. (Abb. 1). Selbstverständlich kommt der Schwefelkopf jeweils nach außen zu liegen.

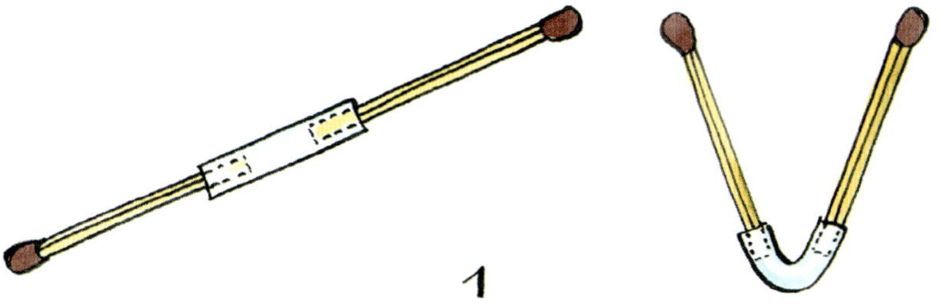

1

Vorführung:
Die Hölzer werden parallel liegend zwischen Daumen und Zeigefinger gehalten. Halte dabei die Hölzer durch den Druck von Daumen und Zeigefinger fest. Sobald du nun diesen Druck leicht nachlässt, entspannt sich der Ventilgummi und bewegt die Hölzer auseinander.

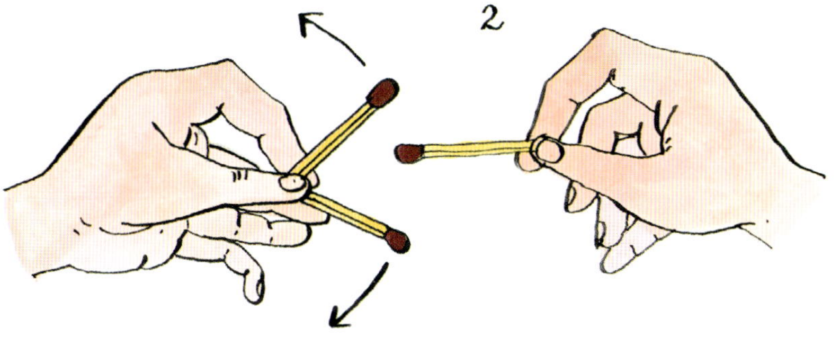

2

Der Apfel und der Goldbarren

Manche Tricks sind so einfach, dass man sie mit einer spannenden Geschichte ausschmücken muss, um sie für das Publikum interessanter zu machen. Der folgende Trick gehört dazu – und die Geschichte liefere ich euch gleich mit:

Es war einmal ein alter, weiser Zauberer, der mit seinem Zauberlehrling in einem großen Schloss lebte. Eines Tages sagte der Zauberlehrling zu seinem Zaubermeister: „Meister, ich bin alt genug, um in die Welt zu ziehen und mein Glück zu versuchen." Der alte, weise Zauberer war traurig, als er dies hörte, aber er musste seinen Zauberlehrling ziehen lassen. Der Zauberlehrling durfte eines von zwei Dingen wählen, das er auf seine Reise mitnehmen durfte: einen Apfel oder einen Goldbarren. Der Zauberlehrling entschied sich für den Goldbarren, da er dachte, dass ihm das Gold unterwegs nützlich sein werde. Nach einiger Zeit jedoch kam er in eine heiße, ausgetrocknete Wüstengegend, fern jeder menschlichen Behausung. Hunger, Durst und Müdigkeit begannen ihn zu quälen. Der Goldbarren wurde immer schwerer und er wünschte, er hätte den Apfel statt des Goldes gewählt. Schließlich beschloss er, den Goldbarren wegzuwerfen und öffnete die Schachtel. Wie groß war sein Erstaunen, als er sah, dass sich das Gold auf wunderbare Weise in den Apfel verwandelt hatte, der ihm das Leben rettete. Und wo war das Gold hingeraten? Da, wo es hingehörte, ins Schloss des alten, weisen Zauberers!

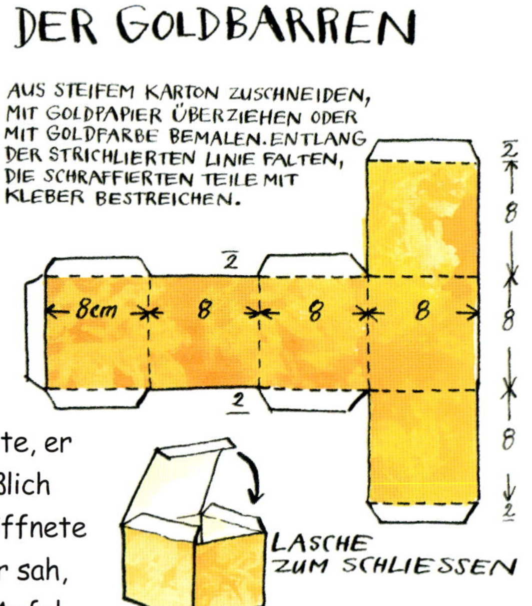

Vorbereitung:

Du schneidest aus Karton die Front eines Schlosses mit zwei Seitenteilen zu und dekorierst es entsprechend. Weiters benötigst du einen Apfel – am besten aus Wachs oder Plastik – und einen Goldbarren, den du gemäß der Abbildung aus festem Karton zuschneidest, zusammenklebst und vergoldest. Du brauchst auch einen »falschen« Goldbarren, der genauso aussieht wie der erste, jedoch auf einer Seite offen ist und dessen Inneres schwarz bemalt wird. Schließlich brauchst du noch eine Schachtel, in die der falsche Goldbarren genau hinein passt. Sie soll einen Deckel haben und innen

DER FALSCHE GOLDBARREN

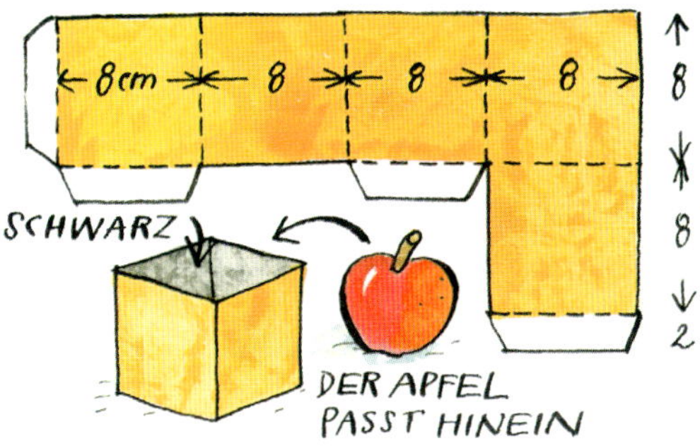

ebenfalls schwarz sein. Außen kannst du sie phantasievoll verzieren. Du stellst das Schloss auf und legst den Apfel und den Goldbarren nebeneinander dahinter. Auf den Goldbarren stellst du den falschen Barren mit der Öffnung nach oben, wie die Abb. zeigt. Die Kassette mit dem Deckel steht neben dem Schloss.

Vorführung:

Du erzählst die Geschichte. An der Stelle, an der der Lehrling wählt, hebst du das Schloss auf, wie die Abb. zeigt, wobei du mit dem Daumen den falschen Barren hältst und mit hoch hebst. Du stellst das Schloss wieder auf den Tisch, diesmal hinter den Apfel und den Goldbarren, und lässt den falschen Barren einfach auf den Tisch fallen. Dazu musst du ein weiches, dickes Tuch auf dem Tisch haben, damit die Zuschauer nichts hören. Du zeigst Apfel und Gold vor und legst sie dann wieder hinter das Schloss, wobei der Goldbarren neben den falschen Barren zu liegen kommt, während der Apfel in den falschen Barren hineingelegt wird. Nun nimmst du die Kassette, zeigst, dass sie leer ist, holst den falschen Barren mit dem Apfel darinnen hinter dem Schloss hervor und verstaust ihn mit der Öffnung nach oben in der Kassette. Du hältst dabei die Kassette etwas zu dir geneigt, sodass das Publikum nicht das Innere sieht. Dann legst du den Deckel auf die Kassette. Du erzählst die Geschichte weiter, lässt den Goldbarren immer schwerer und schwerer werden – bis du dann im richtigen Moment die Kassette öffnest und den Apfel herausfallen lässt – die Seiten der Kassette werden fest zusammengedrückt, um zu verhindern, dass der falsche Barren heraus fällt. Da beide innen schwarz sind, werden die Zuschauer keinen Verdacht schöpfen. Schließlich hebst du das Schloss hoch, um zu zeigen, dass der Goldbarren zurückgekehrt ist, dann klappst du das Schloss zusammen, um den Zuschauern zu beweisen, dass nichts dahinter verborgen ist.

Du zeigst einen leeren Bogen Papier von beiden Seiten vor. Danach formst du eine Tüte und gibst mehrere Gegenstände hinein (Seidentücher, Spielkarten, Schlüssel,...). Nach einem Zauberspruch rollst du die Tüte auf und die Gegenstände sind spurlos verschwunden. Selbstverständlich kannst du nach einem kurzen Zauberspruch alles wieder erscheinen lassen.

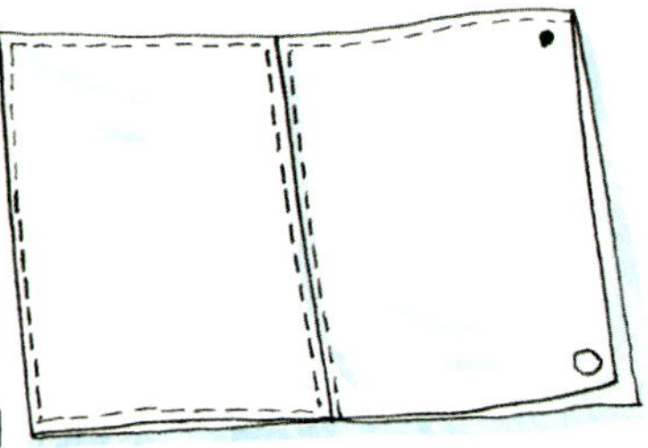
1

Vorbereitung:
Du benötigst zwei Zeitungs- oder Packpapierbögen, einen Alleskleber, mehrere Gegenstände wie Ringe, Seidentücher, Geldmünzen usw.
Du nimmst zwei Bögen, die du mit Alleskleber aufeinander klebst. Die gestrichelten Linien der Abb. 1 zeigen dir, wo du den Klebstoff auftragen musst. Du kannst den Tütenbogen aus weißem Papier fertigen und diesen bunt bekleben oder bemalen. Deiner Phantasie sind keine Grenzen gesetzt.

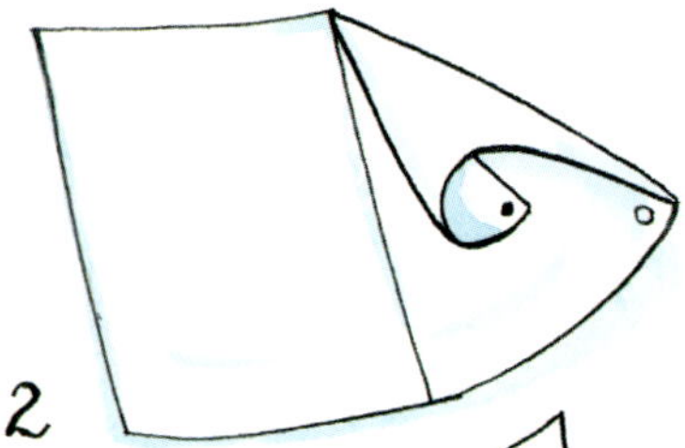
2

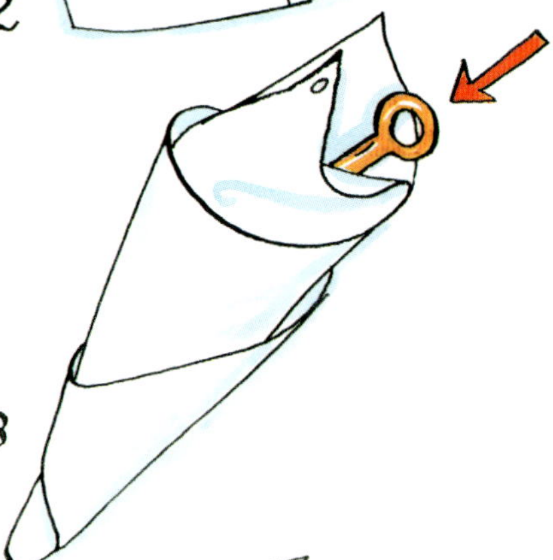
3

Vorführung:
Nachdem du den Bogen leer gezeigt hast, wird eine Tüte geformt. Die gezeigte Ecke mit dem schwarzen Punkt wird zuerst eingerollt, damit die doppelte Tasche der Tüte nach oben kommt. Von der so gebildeten Tüte schlägst du die mit einem Kreis versehene Ecke nach innen. Alles, was du verschwinden lassen willst, kommt in die doppelte Tasche. Wird nun die Tüte entfaltet, so musst du diese an der offenen Doppelecke halten. Die Gegenstände liegen versteckt zwischen den beiden Bogen.
Um die hineingelegten Gegenstände wieder erscheinen zu lassen, formst du erneut eine Tüte, schlägst die innere Ecke um und holst aus der Tüte die Gegenstände wieder hervor. Mit diesem Zauberhilfsmittel kannst du ebenso Tücher in eine andere Farbe verwandeln und noch viele andere Experimente vorführen.

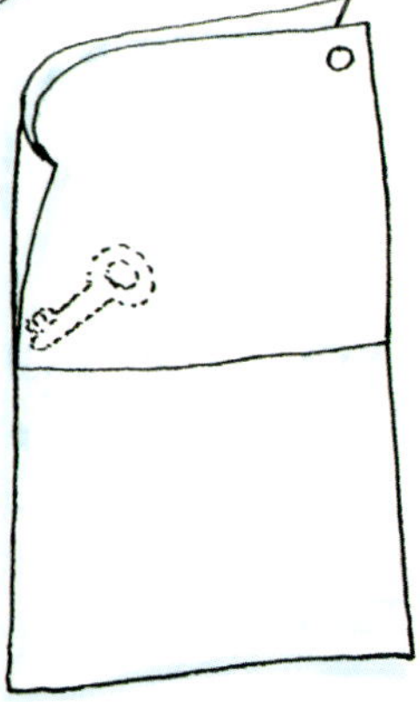
4

ZAUBERPALME

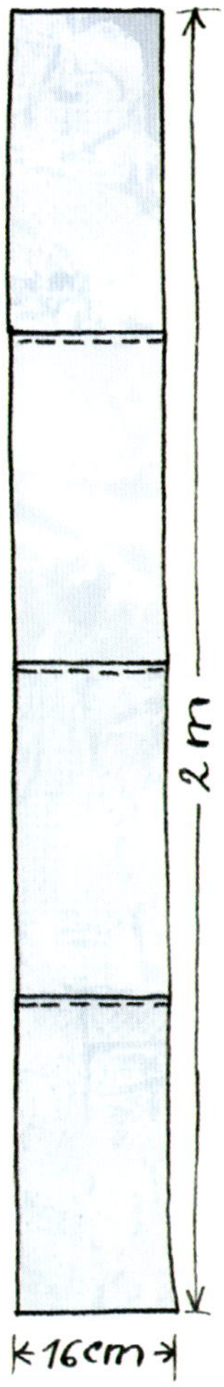

Ein zusammengerolltes Stück Zeitungspapier wird vorgezeigt. Zum Beweis, dass sich nichts in dem kleinen Papierzylinder befindet, steckst du einen Zauberstab durch die Röhre. Mit einer Schere schneidest du 4-mal bis zur Mitte in die Papierrolle hinein. Die Rolle wird auseinander gezogen, wobei sich unter einem Konfettiregen eine Zauberpalme bildet.

Vorbereitung:

Zeitungspapierstreifen, eine Schere, Klebstoff, etwas Konfetti.

Aus Zeitungspapier oder buntem Papier schneidest du Streifen von etwa 16 cm Breite. Diese werden an den Schmalseiten aneinander geklebt. Der so gebildete Papierstreifen soll eine Länge von etwa 2 m haben. Den Streifen rollst du der Länge nach zusammen und dabei streust du etwas Konfetti hinein.

Vorführung:

Zu Beginn deiner Vorführung nimmst du die Papierrolle in die Hand und zeigst eine Schere vor. Zum Einschneiden hältst du die Papierrolle waagrecht, damit das Konfetti nicht herausrutscht. Geschnitten wird in Viererteilung, das heißt viermal in Längsrichtung bis zur Mitte der Papierrolle. Wenn du jetzt von innen her die Papierrolle auseinander ziehst, entfaltet sich unter einem Konfettiregen ein palmenartiges Gebilde.

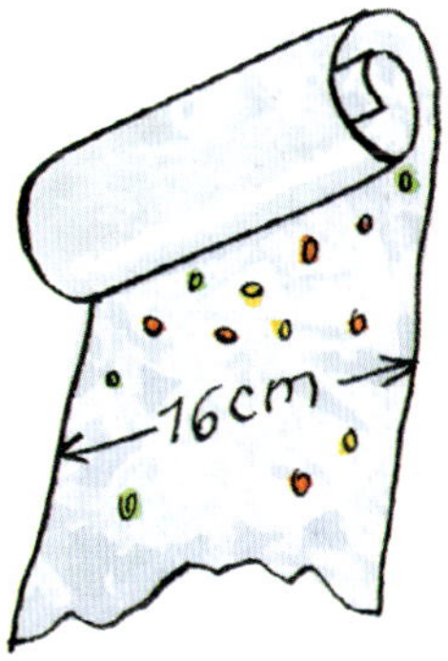

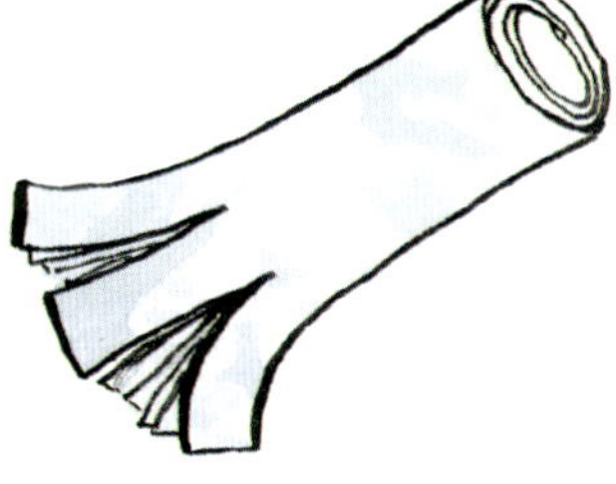

DIE PAPIERROLLE IN NATÜRLICHER GRÖSSE, DIE PFEILE MARKIEREN DIE EINSCHNITTSTELLEN.

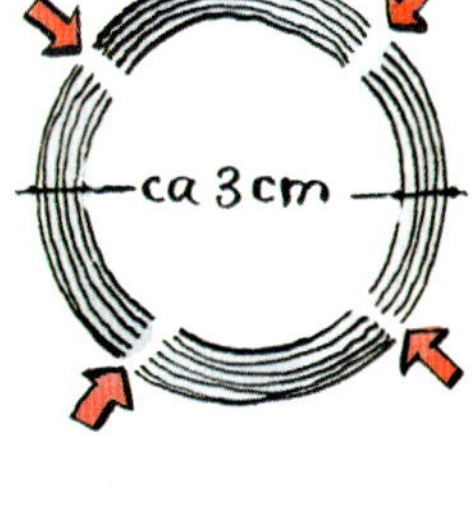

WANDERNDE BECHER

Der Zauberkünstler gießt Wasser in einen Plastikbecher und stellt ihn in einen Hut. Sofort holt er den Becher wieder aus dem Hut und gibt ihn in eine Papiertüte. Die Tüte knüllt er zusammen: Der Becher ist mit dem Wasser verschwunden. Ein Zauberspruch und der Becher erscheint wieder aus dem Hut. Das Wasser wird in den Krug zurück gegossen.

Vorbereitung:

Du benötigst einen Hut, zwei Trinkbecher aus Plastik, zwei Papiertüten. Die Requisiten kannst du nach eigenem Geschmack wählen. Es muss beispielsweise kein Hut sein. Jedes Gefäß ist verwendbar, in das du den Trinkbecher stellen kannst. Präpariert ist der Trinkbecher. Es sind zwei Becher, die am Besten weiß sind. Bei einem Becher entfernst du mit einer Nagelschere vorsichtig den Boden und steckst diesen bodenlosen Becher von oben in den anderen Becher. Eventuell musst du dem bodenlosen Becher oben noch etwas den Rand stutzen, damit er nicht aus dem anderen Becher herausschaut. Außerdem beschaffst du noch zwei gleiche Papiertüten (Obsttüten o.ä.), in die du den Becher später stellen kannst. Eine der beiden Tüten knüllst du vorher klein zusammen und steckst sie in die Hosentasche. Dann benötigst du noch einen Krug Wasser und los geht es mit der Zauberei.

Vorführung:

Du gießt Wasser in die beiden ineinander steckenden Becher und stellst diese in den Hut. Jetzt darfst du den Becher ohne Boden nicht sofort wieder aus dem Hut holen; die Zuschauer würden sich wundern, warum du ihn dann überhaupt erst hineingestellt hast. Also greif in die Brusttasche und hol die Tüte heraus und falte sie auf. Jetzt erst erinnerst du dich an den Becher und holst ihn – natürlich den ohne Boden – hervor. Den steckst du vorsichtig in die Tüte, denn für die Zuschauer ist ja Wasser darin – und knüllst ihn plötzlich zusammen. Den kleinen Papierball gibst du in deine Hosentasche. Auch jetzt darfst du nicht sofort die zerknüllte Tüte ohne Becher herausnehmen. Erst nach einer kleinen „Denkpause" holst du die Tüte hervor und wirfst sie in den Hut. Der Rest ist klar. Nach einem Zauberspruch holst du den unversehrten Becher aus dem Hut, gießt das Wasser in den Krug zurück und öffnest vor allen Augen die leere Tüte als Beweis, dass sich nichts in der Tüte befindet.

Die magischen Würfel

Vorbereitung:
Du brauchst ein Stück Schaumstoff (z.B. von einer Schaumstoffmatratze oder von Verpackungsmaterial). Als Vorbereitung für diesen Trick schneidest du dir aus dem Schaumstoff vier Würfel aus, die etwas so groß wie normale Spielwürfel sind.

Vorführung:
Bevor du den Zaubertrick beginnst, nimmst du dir heimlich einen der Würfel in die Hand. Da sich der Schaumstoff leicht ganz klein zusammendrücken lässt, kannst du ihn leicht in der Hand verbergen. Nun zeigst du deinen Zuschauern die beiden anderen Würfel und nimmst sie in die Hand, in der sich bereits der andere Würfel befindet. Deine Zuschauer denken jedoch, dass du lediglich zwei davon in der Hand hältst. Jetzt bittest du einen deiner Zuschauer zu dir. Er soll nun eine Hand nach vorne strecken. Du steckst ihm die drei zusammengedrückten Würfel in die Hand und sagst ihm, dass er die Hand fest geschlossen halten soll – er denkt natürlich, dass er nur zwei Würfel in der Hand hält.
Nun nimmst du den vierten Würfel in die rechte Hand, verschließt sie fest und verkündest mit großen Gesten, dass der Würfel nun von deiner in die Hand des Zuschauers wandern wird. Dabei nimmst du unauffällig den Würfel in die andere Hand. Dies ist der einzige etwas heikle Moment bei diesem Zaubertrick, denn deine Zuschauer müssen natürlich weiterhin denken, dass du den Würfel in deiner rechten Hand hast.

Nun verkündest du, dass der Würfel von deiner in die Hand deines Zuschauers gewandert ist. Als Beweis lässt du ihn seine Hand öffnen: Er hat drei Würfel in seiner Hand! Dann öffnest du deine rechte Hand - und - sie ist leer!